H. D. (Hilda Doolittle)
Das Ende der Qual

H. D. (Hilda Doolittle)
Das Ende der Qual
Eine Erinnerung an Ezra Pound

*Herausgegeben von Norman Holmes Pearson
und Michael King
Aus dem Amerikanischen
von Andrea Spingler
Mit einem biographischen Essay
von Renate Stendhal*

Arche

© der deutschen Ausgabe:
1985 by Arche Verlag AG, Raabe + Vitali, Zürich
Alle Rechte vorbehalten
Die amerikanische Originalausgabe erschien u.d.T.
End to Torment. A memoir of Ezra Pound
bei New Directions Publishing Corporation, New York
© 1979 by New Directions Publishing Corporation
Umschlag: Max Bartholl, Frankfurt
Gesamtherstellung: Kösel, Kempten
Printed in Germany
ISBN 3-7160-2027-3

Inhalt

»Schreiben oder Sterben« – H. D.
Ein biographischer Essay
von Renate Stendhal 7

Das Ende der Qual 31

Der Sommer, aus dem ein Leben wurde
Ein Nachwort von Michael King 123

Anmerkungen 130
David Rattray
Der rappelköpfige Anhang 142
Peter Demetz
Ezra Pounds ›Pisaner Gesänge‹ 157

Die frühen Jahre: H. D. (Hilda Doolittle) mit 18, Ezra Pound mit 20.
Unten: Der Schauplatz. Das elterliche Haus von Hilda Doolittle.

»Schreiben oder Sterben« – H. D.
Ein biographischer Essay
von Renate Stendhal

Kein Pseudonym, eher ein »Anonym«: Die beiden Buchstaben mit ihrem kalkulierten Reiz des Geheimnisvollen laden zur Entzifferung und zum Spiel mit Assoziationen ein. D. wie »Dryade« – der erste Name, den Ezra Pound ihr gab. H. wie »Hermes« – so nannte sie sich selbst. H. D. wie »Hedda Dabler« – schlug ihr Freund John Cournos vor; »Hermaphrodit« – assoziierte ihre erste Frauenliebe Frances Gregg; »Herself Defined« – so die Lesart ihrer Biographin Barbara Guest*, was ähnlich und doch anders klingt als »Sie – selbstbestimmt«...

Was hierzulande von ihr bekannt ist, ist nicht viel mehr, als daß es Ezra Pound war, der die elegante Verschleierung ihres nicht sonderlich poetischen Namens Hilda Doolittle erfand. 1901 in Philadelphia hatte er die fünfzehnjährige Hilda Doolittle zu seiner Fair Lady der Dichtkunst gekürt; 1913 in London, mit dem richtigen Namen und Etikett versehen, machte er »H. D. imagiste« zum Star der von ihm begründeten dichterischen Bewegung der Imagisten.

Und weiter? Wer war die Dichterin, die, in Bethlehem (Pennsylvania) geboren, auf den Spuren Pounds ihr Land verließ, um in Europa zu leben, und die hier bis zu ihrem Tod (1961 in der Schweiz) ein über zwanzigbändiges Werk von Lyrik, dramatischen Gedichten, Romanen und Übersetzungen schuf?

---

* *Erläuterungen zu Personen, Werken, Begriffen sowie bibliographische Angaben s. S. 130 ff.*

Die Neugier wächst mit einem ersten Blick auf ihre Biographie: widersprüchliche Interessen an Psychoanalyse und Esoterik; Analysen bei Havelock Ellis und Sigmund Freud; mediale Séancen bei einem brahmanischen Guru. Ausschweifende Bisexualität; eine Ehe; multiple Beziehungen, Ménages à trois. Ein elitärer Lebensstil – Reisen, Villen, Luxushotels. Eine Episode als Experimentalfilm-Star. Und gleichzeitig lebenslange Besessenheit vom Schreiben in puritanischer Arbeitsstrenge.

Was sich hinter diesen zum Teil verblüffend »modern« wirkenden Hieroglyphen einer Künstler-Dolce-Vita verbirgt, darauf gibt ›Das Ende der Qual‹ eine erste Antwort. Die Aufzeichnungen der 72jährigen im Sanatorium in Küsnacht sind ein Lebensrückblick in abgewandelter Tagebuchform. In dem ihr eigenen frei-assoziativen Stil mit magischen Zeitsprüngen und der Überlagerung von mythischen, imaginären und realen Personen scheinen die tieferen Dimensionen ihres Lebens auf: im Wechsel von analytischer Erkenntnis, mystischer Erleuchtung und Depression ein einsames Ringen um das Wort – und um das eigene Selbst. 1958 kehrte H. D. in Küsnacht unter der Führung des jungen Psychiaters Dr. Erich Heydt zu ihren entscheidenden Anfängen zurück – zu ihrer »Entdeckung« durch Ezra Pound – und gestand sich widerstrebend Pounds zentrale Bedeutung für ihr Leben ein.

Hilda Doolittle war die Lieblingstochter von Prof. Charles Doolittle, einem angesehenen Astronomen in Philadelphia. Der über alles geliebte und bewunderte Vater, den sie später als Abkömmling jener »puritanischen Väter« bezeichnete, die »mit Indianern kämpften und Hexen verbrannten«, war einzig von seiner Arbeit besessen und unerreichbar. »Ein großer, hagerer Mann«, erinnert sich Ezra Pounds und Hildas Jugend-

freund William Carlos Williams, »*der seine Aufmerksamkeit bei Tisch selten etwas Nähergelegenem als buchstäblich dem Mond zuwandte*«. *Die Mutter, die der pietistischen Sekte der Böhmischen Brüder angehörte, war ebenso unerreichbar.* »*Sie liebt meinen Bruder mehr. Wenn ich bei meinem Bruder bleibe, fast Teil meines Bruders werde, kann ich vielleicht ihr näherkommen. Aber man kommt nie nah genug*...« *Von Anfang an einsam, in einen angewärmten, aber leeren Raum abgeschoben, war Hilda bereits als Kind von Selbstzweifeln geplagt. Wie sie in ihrer Kindheitsgeschichte* ›*The Gift*‹ *schildert, war sie von der ängstlichen Frage besessen, ob sie wohl jene* »*Gabe*« *der Böhmischen Brüder besitze, die als visionäre Fähigkeit von Generation zu Generation weitergereicht wird – die Gabe, etwas Besonderes zu sein. Ihr Selbstgefühl als junge Frau war,* »*eine Enttäuschung*« *für ihren Vater gewesen zu sein,* »*ein häßliches Entlein*« *für ihre Mutter,* »*ein aufdringlich überlanges, uninkarniertes Wesen, das hier keinen Platz hatte*«. *Verständlicherweise sehnte sie sich ein Leben lang nach Wärme, Nähe, einem Freundeskreis, einer gesellschaftlichen Hauptrolle, nach Dabeisein und Bewundertwerden. Und gleichzeitig blieb sie ihrem in die Welt der Sterne entrückten Vater seelenverwandt, verlangte für ihre Arbeit Zurückgezogenheit um jeden Preis und fühlte sich zu Menschen hingezogen,* »*die sich abseits vom Ganzen fühlen*« – *Menschen wie sie selbst und wie Ezra Pound,* »*der mehr als alle anderen zerrissen und einsam war*«.

Ein weniger entrücktes Bild einer über Zäune springenden Hilda, die sich mit ekstatischem Genuß naßregnen ließ, zeichnet William Carlos Williams. »*Sie hatte etwas an sich, was man zeitweise in wilden Tieren findet, eine atemlose Ungeduld... Sie hatte das Kichern und Schulternhochziehen von jungen Mädchen, was bei einer so großen, eckigen Person*

etwas albern wirkte. Sie faszinierte mich, nicht wegen ihrer
Schönheit, die fraglos war und bizarr für mein Gefühl, son-
dern wegen ihrer provokanten Gleichgültigkeit gegenüber
Regeln und Ordnung, die mir gefiel. Sie kleidete sich gleich-
gültig, fast schlampig, und sah aus wie ein junger Mann. ...
Ezra war wunderbar verliebt in sie...«

Der nur ein Jahr ältere, aber noch weit provokantere Pound
brach in das Leben der fünfzehnjährigen Hilda ein wie Feuer
ins Stroh. Es war der Einbruch von Kultur, Liebe, Künstler-
tum in ihr von pietistischen Legenden und einigen Klassiker-
studien am Bryn Mawr College geprägtes Leben. Der Einbruch eines Menschen, der sie sah, begehrte, sie mit Leidenschaft zu seiner Schülerin machte und schließlich ihre »Gabe«
bestätigte. Wie H. D. es in ›Das Ende der Qual‹ in »imagistisch« knappen Worten evoziert, war es für sie ein Schock,
dem Herz und Sinne nicht gewachsen waren. Auf der ersten
hohen Welle der Leidenschaft fiel sie in eine »Todesstarre« –
was heißen mag, daß ihr Bewußtsein, vom Ausmaß des
möglichen Sichverlierens überwältigt, alle Poren verschloß
und sich in einen Zustand des Ersterbens rettete – einen
Zustand, der scheinbare Ewigkeit versprach...
Wenn H. D. gegen Ende ihres Lebens die Frage bedrängt:
»Was ist es, was ist es?« und ihr Arzt sie fragt: »Was
verbergen Sie?«, so klingt in ›Das Ende der Qual‹ als Antwort an, daß Pounds »Is-hilda« aus ihrem ersten Liebestod
nie ganz erwacht ist. Die Liebe wurde nicht vollzogen, »die
Metamorphose nicht vollendet«. Die Suche danach, die
Sehnsucht nach einer Einheit mit der Natur, durchzog von
nun an in imaginärer, mystisch idealisierter Form H. D.s
Beziehungen ebenso wie ihr Werk. »Eine Art ›rigor mortis‹
trieb mich an«, resümiert sie in ›Das Ende der Qual‹, »meine

Dichtung ... war um den Krater eines erloschenen Vulkans gebaut.«

1908 ging Pound nach London, Hilda, die ihre Collegeausbildung abgebrochen hatte, folgte ihm drei Jahre später in Begleitung ihrer Freundin und Geliebten Frances Gregg. Daß Frances ebenfalls in Pound verliebt war, enthüllt H. D. in ihrer autobiographischen Geschichte ›HERmione‹. Hilda, die sich nach wie vor mit Pound verlobt fühlte, blieb. Ihr Vater, dem Hildas Frauenliebe noch suspekter sein mußte als ihre Dichterliebe, unterstützte ihr Bleiben mit einem monatlichen Scheck. Die Briefe des jungen Dichters, der ihm seine Tochter genommen, sie ihrer familiären Tradition und schließlich ihrem Land entfremdet hatte, verbrannte er.

Es scheint Hildas Bewußtsein zunächst nur oberflächlich erreicht zu haben, daß Pound sie als Braut fallengelassen hatte. Sie besaß den Trost, daß er noch ihr Mentor war – und sie, als »H. D. imagiste«, der Mittelpunkt seiner imagistischen Schule, die er der schwülstigen spätviktorianischen Lyrik entgegen- und dem französischen Symbolismus an die Seite zu stellen gedachte. H. D.s Gedichte in freiem Versmaß, in griechisch inspirierter Bildlichkeit und kristalliner Genauigkeit entsprachen perfekt den Maximen Pounds, und er erwirkte ab 1913 ihre Veröffentlichung in Harriet Monroes gewichtiger Zeitschrift ›Poetry Magazine‹. 1916 erschien ihr erster Gedichtband: ›Sea Garden‹. Und nicht nur das: H. D. war obendrein nach den Kriterien der Hellenismus-Mode – groß, schlank und weidengleich – die ideale Verkörperung ihrer klassischen Bilderwelt.

Das Bild, das H. D., einst Pounds »rosa Falter«, nun von sich entwarf, war das einer ätherisch-exzentrischen Dichterin geweihter Höhen, einer Priesterin oder Göttin (die aussehen konnte wie ein junger Gott) in »griechisch« fließenden Gewändern und in einem Rahmen möglichst zugezogener Vorhänge, Kerzen und Blumen. Ihre Ausstrahlung, ihre »androgyne Schönheit« (May Sarton), ihr Ruf als »heidnische Mystikerin« (Harriet Monroe) verschafften ihr einen Hof von Bewunderern – darunter der junge Imagist Robert Aldington, den sie 1913 heiratete. Zu ihren Bewunderinnen gehörten einflußreiche Persönlichkeiten der Londoner Literaturszene: May Sinclair fand sie »glorious«, Harriet Weaver fielen ihre »träumerischen Augen und angenehmen Manieren« auf; Brigit Patmore sprach von ihr als »Göttin« (»Aber noch keine Göttin hat eine so extreme Verwundbarkeit in ihrem Gesicht gezeigt...«). Andere fanden sie faszinierend unnatürlich. »Ihre Pose war perfekt«, schrieb Louis Wilkinson, der Ehemann von Frances Gregg, in seinem satirischen Roman ›The Buffoon‹, »... diese einstudierte Natürlichkeit – einstudiert, ja, und doch offenbar unfehlbar darin, sich nicht preiszugeben.«

Die mühevolle Kunst, ihr »göttliches« Image aufrechtzuerhalten, während sie von innerer Unsicherheit verfolgt war, sollte H. D. ihr Leben lang begleiten. »Ich habe allen Glauben an meine Arbeit«, schrieb sie in der Zeit ihres ersten Erfolgs an John Cournos. »Was ich manchmal fühlen möchte, ist Glaube an mich selbst, an meine bloße körperliche Gegenwart in der Welt, an meine Persönlichkeit.« Ihre intime Freundin Brigit Patmore beschrieb sie in ihrem Roman ›No Tomorrow‹, dessen Heldin »Helga« H. D. ist: »Sie führte einen inneren Kampf, nicht mit Leidenschaften oder Begierden, sondern mit einem unsichtbaren Antagonisten, den sie liebt, aber nicht unterwerfen kann. ... Sie besaß eine Stärke der Unzufriedenheit mit sich und dem Leben und hatte eine Riesenangst vor den Menschen.« »Sie ist eine Person auf einem Hochseil«, resümierte D. H. Lawrence. »Man fragt sich, ob sie hinüberkommt.«

Die Frage stellte sich mit der Krise, die der Erste Weltkrieg für H. D., nun Mrs. Richard Aldington, bedeutete. Es begann mit einer pikanten Situation, die H. D. in ihrem Schlüsselroman ›Bid Me to Live‹ atmosphärisch genau beschrieben hat. Aldington war als Soldat eingezogen; H. D. teilte 1917 ihre Wohnung mit dem aus Cornwall vertriebenen D. H. Lawrence und seiner Frau sowie mit einer ehemaligen Geliebten von John Cournos, Dorothy Yorke. Ganz im Stil der »modernen Frau« überließ sie ihrem auf Urlaub heimkehrenden Soldaten das Ehebett für eine Affaire mit Dorothy Yorke, während sie selbst eine »zerebrale Leidenschaft« mit D. H. Lawrence erprobte. Als sich ihre eigene Leidenschaft als frustrierend, die ihres Mannes jedoch als dauerhaft erwies, flüchtete sie sich 1918 zu einem neuen jungen Bewunderer, dem Musikkritiker Cecil Gray, nach Cornwall. Sie wurde schwanger, beschloß, hierin ganz die »heidnische Mystikerin«, auf ein magisches Zeichen hin, das Kind auszutragen, dessen Vater jedoch zu verlassen. Als Aldington nun aber auch sie verließ, gab es keinen Zweifel mehr, daß sie sich übernommen hatte!

In ihrem Gedicht ›Eros‹ fragt sie sich zunächst noch fast spielerisch:

> Ist es bitter, deinem Liebsten Liebe
> zurückzugeben, wenn er es wünscht
> für eine neue Favoritin,
> wer kann es sagen,
> oder ist es süß?

Doch in ›Envy‹ gibt sie die heroisch-verzweifelte Antwort:

> Bemitleide mich nicht, erspare dir das,
> aber wie ich dich beneide
> um deine Todeschance.

Es war das Kriegsende, das Ende der »alten Welt«, das Ende ihrer Jugend und Ehe. Ihren pietistischen Wurzeln verhaftet, betrachtete H. D. den Krieg als persönliche Strafe für ihre Sünden und brach unter der Last zusammen. Und obwohl in dieser Krise rechtzeitig eine Retterin auftauchte, die sie aus Krankheit, Depression, einsamer Mutterschaft und finanzieller Bedrängnis befreite und zu ihrer Lebensgefährtin wurde, stürzte H. D. (sich) in das Drama des Verlassenwerdens. Es blieb jahrelang eine so zentrale traumatische Erfahrung für sie, daß sich die Frage erhebt, ob das Verlassenwerden durch Pound nicht unterschwellig eine beträchtliche Rolle dabei gespielt hat – zumal gleichzeitig auch H. D.s Vater sie (durch seinen Tod) »verließ«. Wenn H. D. ihre Verletzung jedoch beharrlich auf Aldington bezog, so ist es, als hätte sie sich erst einem schwächeren Stellvertreter gegenüber der Wucht ihres Traumas zu stellen vermocht.

Fortan kreiste ihr Schreiben in immer neuen Variationen um das Thema der verlassenen Frau und der Unmöglichkeit der Liebe. Sämtliche Heldinnen von H. D.s Romanen und romanhaften Erzählungen sind hochsensible, überspannte, »zerebral brennende« Frauen (wie D. H. Lawrence sie bevorzugte), die bei Männern vergeblich nach Schönheit, Liebe und der idealen Einheit von Körper, Geist und Seele suchen. Es sind Frauen, die kein klares Bild von sich besitzen und keinen Ausweg aus ihren inneren Widersprüchen wissen – Frauen wie H. D. »Sie sieht Männer an und liebt sie, wie die Iren sich vorstellen, daß Feen Menschen lieben – mit einem neidischen

Begehren, in ihnen zu leben . . . *Aber ihren Körper – nun, sie haßt ihn, sie mag Weiblichkeit nur in anderen Frauen*«, wie Brigit Patmore sie charakterisierte.
Die Liebe zu Frauen taucht in zahlreichen Anspielungen und lyrischen Evokationen in H. D.s Werk auf, aber als Ausweg, als wirkliche Alternative scheint sie sie nicht oder nur halbherzig erwogen zu haben. Sie blieb bei ihrer Ambivalenz. Einerseits schrieb sie zum Beispiel Nachempfindungen von Sappho-Fragmenten an ein männliches »Du«, andererseits gibt es bei ihr Gedichtsequenzen, die für heutige Ohren fast wie frauenidentifizierte, feministische Lyrik klingen:

. . .
O Gott, was ist sie,
diese Blume,
die in sich selbst Macht
über die ganze Erde besaß?
denn sie braucht keinen Mann,
sie selbst
ist jener Sporn und Ansporn des Männlichen,
Hände, Füße, Schenkel,
sie selbst vollkommen.

Den Widerspruch hat sie offenbar nicht zu Ende gedacht – sie akzeptierte ihn einfach, so gut es ging. »Ich hatte zwei getrennte Lieben«, dichtete sie, »Gott, der alle Berge liebt,/ wußte allein, weshalb.« In Havelock Ellis' Worten: »Die seltsamen Diskrepanzen ihrer Seele lagen friedlich Seite an Seite, der Löwe neben dem Lamm.« Letztlich brauchte H. D. zeit ihres Lebens das, was männliche Künstler ihre Muse nennen, in Gestalt ihrer vater- beziehungsweise Ezra Pound-geprägten »Initiatoren«. Als hätte sie sich in deren Augen spiegeln müssen, nicht um sich, wie Männer in Frauenaugen,

»in doppelter Größe zu spiegeln« (Virginia Woolf), sondern um sich überhaupt zu sehen.

Am Ende von H. D.s Erzählung ›Hipparchia‹ begegnet die männerenttäuschte Heldin, die sich nach »Intimität ohne Geschlechtsverkehr« sehnt, einer neuen Hoffnung in Gestalt eines jungen Mädchens, das sie nach Griechenland entführt. In Wirklichkeit handelte es sich um die 23jährige englische Reederstochter und Millionenerbin Winifred Ellermann, genannt Bryher, die H. D. 1919 aus ihrer Existenzkrise rettete. Bryher war – und blieb 43 Jahre lang – eine unanfechtbare Bewunderin von H. D. und ihrem Werk, was sie nicht daran hinderte, sich selbst zu einer erfolgreichen Schriftstellerin zu entwickeln. Als ebenfalls vateridentifizierte Tochter besaß Bryher – im Unterschied zu H. D. – ausgeprägten Sinn für materielle und gesellschaftliche Realitäten. Sie übernahm das »Management« von H. D.s Karriere ebenso wie die Verantwortung für H. D.s Tochter (mit den beziehungsreichen Namen Frances und »Perdita«). Sie schuf den angemessen eleganten Rahmen für den Mythos H. D. und sorgte für Inspiration durch zahlreiche Reisen: nach Griechenland, den USA, Ägypten, Venedig, Rom, Paris, Berlin ... Vor allem ersetzte sie Pound als Mentor, indem sie der zunehmend weltscheuen Dichterin die richtigen Kontakte verschaffte und obendrein die literarischen Foren als Mäzenin unterstützte oder selbst schuf, die H. D. den Freiraum gaben, weiter zu veröffentlichen, nachdem der Imagismus inzwischen der Vergangenheit angehörte.

Es scheint, als hätte Bryher die (spätere) Titelaufforderung von H. D.s Schlüsselroman ›Bid Me to Live‹ so ernstgenommen, daß H. D. gar nicht anders konnte, als ihr zu folgen: »Befiehl mir zu leben, und ich werde leben« (aus Robert Herricks Madrigal ›To Anthea‹). Die lebenslange Beziehung der bei-

den Frauen erinnert in manchem an die der berühmteren Amerikanerinnen Gertrude Stein und Alice B. Toklas, deren Lebensstil allerdings weit konventioneller war. H. D. und Bryher pflegten eine zwar vorrangige, aber »freie« Beziehung mit anderweitigen, ständig fluktuierenden Lieb- und Leidenschaften; beide empfanden sich als androgyn, und beide schrieben. Es war ihre gemeinsame Strategie, daß Bryher zweimal heiratete: 1921 den jungen Schriftsteller Robert McAlmon (um sich von dem psychischen Joch ihrer Familie zu befreien) und 1927 Kenneth Macpherson (damit der junge Dichter versorgt war und sich die »kostspielige Zeit«, so Bryher, für seine Affaire mit H. D. leisten konnte . . .). Die meisten Liebhaber/innen scheinen die Vorrangigkeit des Paares H. D.-Bryher ebenso elegant respektiert zu haben, wie Bryher (in ähnlicher Weisheit wie Alice B. Toklas) die Vorrangigkeit H. D.s als »Star« (Bryher) respektierte. Daß die Beziehung trotzdem alles andere als harmonisch und rundum befriedigend war, klingt bereits darin an, daß H. D. 1921 bei dem frühen Propheten der sexuellen Befreiung, Havelock Ellis, Rat suchte. Bryher begab sich in eine nie endende Analyse bei dem Freud-Schüler Hanns Sachs, während H. D. sich immer wieder wechselnden analytischen und psychiatrischen Beistand nahm. Bryhers zwanghaftes Management jeder Minute des Lebens stand H. D.s Bedürfnis, »wie ein großer weißer Vogel« (Ellis) den Boden der Wirklichkeit für fließende visionäre Zustände zu verlassen, kraß entgegen. Sie mußte sich regelmäßig in Hotelzimmern Freiräume von Bryhers energischer Persönlichkeit schaffen, um schreiben zu können. »Bryher schien so ausgeglichen«, bemerkte McAlmon hierzu, »klar analysierend, Ursache und Wirkung festhaltend. Großer Gott, zu beschreiben, wie sie war – und mit H. D. im Bild – würde Djunas ›Nachtgewächs‹ als durchsichtige, unschuldige Parabel erscheinen lassen!«

Frances Gregg (oben links), Birgit Patmore (oben rechts), Bryher, d. i. Winifred Ellerman (unten links), Sheri Martinelli (unten rechts).

Die Unterschiedlichkeit der beiden Charaktere drückte sich am deutlichsten in ihrem gesellschaftlichen Verhalten aus. 1923 eröffnete McAlmon in Paris einen der ersten literarischen Kleinverlage, die Contact Press, *in der die ganze damals noch (mit Ausnahme von Pound und H. D.) unbekannte Avantgarde – von Gertrude Stein und Djuna Barnes bis Hemingway – erschien. Bryher genoß die Kontakte mit ›The Bunch‹ und McAlmons wildes Leben zwischen den legendären Treffpunkten ›Le Dôme‹ und ›Le Boeuf sur le Toit‹, in Gesellschaft aufregend kreativer Frauen wie Iris Tree, Mina Loy, Nancy Cunard, Sylvia Beach, Adrienne Monnier, Kay Boyle, Djuna Barnes usw. . . . H. D. dagegen war nur schwer dazu zu bewegen, überhaupt für kurze Zeit nach Paris zu kommen und, einmal dort, die sichere Bastion ihres Hotelzimmers zu verlassen. Obwohl sie in den wichtigsten damaligen Pariser Literaturzeitschriften erschien (in ›The Little Review‹ von Margaret Anderson und Jane Heap, ›Transatlantic Review‹ von Ford Madox Ford und vor allem in Eugène Jolas' ›Transition‹), fühlte sie sich nicht konkurrenzfähig, nicht jung und schön genug. In ihrem Bryher gewidmeten Gedicht ›Halcyon‹ gestand sie:*

. . .
ich bin krank, ich möchte fortgehn,
dahin, wo niemand gelangt;
o kleiner Elf, laß mich allein,
mach mich nicht wieder leiden,

verlang nicht, ich solle schlank und groß sein,
strahlend und lieblich
(das ist vorbei)
und schön.

Dieselbe Scheu – von ihrer kurzen Glorie in der Vorkriegszeit als »Göttin der Imagisten« abgesehen – bestimmte ihre Kontaktlosigkeit auch in London, wo sie zu den wichtigen literarischen Achsen, zum Beispiel dem Bloomsbury-Kreis, keinen Zugang besaß. H. D. bestand darauf, nur als »Ausgestoßene« schreiben zu können. Bryher dagegen lebte mit leidenschaftlichem Engagement in ihrem Jahrhundert: Sie hatte Zugang zu unterschiedlichsten literarischen Kreisen, machte ihre eigene verlegerische Politik und förderte Dichter wie James Joyce; sie besaß politische Intelligenz, unterstützte Frauenrechtlerinnen und erkannte rechtzeitig die Realität des Nationalsozialismus, woraufhin sie sich persönlich für die Rettung von Juden einsetzte. H. D. lebte in ihrem »Zeitalter des Mythos«. Ezra Pound, den ihre Abhängigkeit von klassischen Belangen inzwischen irritierte, forderte »Circe« auf, »aus ihrem Schweinestall herauszukommen«. Umsonst. H. D. blieb in ihrer Dichtung weiter hinter ihren hellenistischen Masken verborgen und in erster Linie an ihrer spirituellen (Selbst-) Suche interessiert.

Ebenso widersprüchlich wie die Reaktionen auf H. D.s Persönlichkeit waren (und sind) die Reaktionen auf ihr Werk (ihre Übersetzungen aus dem Griechischen und Lateinischen eingeschlossen). Pound stand mit seiner späteren Irritation nicht allein. D. H. Lawrence bedauerte die »Abstraktion« ihrer Dichtung, McAlmon ihre »erfrorenen Gefühle« und ihre »zurückgehaltene Leidenschaft«, Louis L. Martz kritisierte, sie »spalte den Geist von der Erde ab«. Barbara Guest zitiert eine ›Newsweek‹-Kritik, die H. D.s »Gekünsteltheit« und ihre »zitternde impressionistische Prosa« bemängelt, während Richard Aldington ihre Prosa mit der von Virginia Woolf verglich und Conrad Aiken einige ihrer Erzählungen zu den

»allerbesten« zählte, die »in welcher Sprache auch immer, in
diesem Jahrhundert geschrieben wurden«. Zustimmung und
Ablehnung finden sich nebeneinander in der frühen Würdigung
von Amy Lowell (die Pound 1914 als Anführerin der Imagisten abgelöst hatte): »H. D. ist keine große, aber eine selten
perfekte Dichterin ... Es hat ... den Keim des Übertriebenen,
etwas, das an Künstlichkeit grenzt ... Es hat eine gewisse
Dünne der Ausgangskonzeption, und nur der Glanz der
Politur rettet es. Aber dies ist ein Glanz, wie ihn sonst
niemand kennt.«

H. D. selbst scheint sich um die Kritik an ihrem Werk nicht
sonderlich gekümmert zu haben – zumindest hat sie keinen
Kommentar dazu abgegeben. Als junge Dichterin hatte sie
Havelock Ellis gestanden: »Ich halte von meiner bisherigen
Arbeit überhaupt nichts. Manchmal, ja, ein Gipfel, eine
Eisblume.« Aber ihre Grundhaltung war: »Schreiben ist das
einzig Wahre, es erzieht zu einer Art Yoga oder magischen
Kraft, es ist eine Art Kontemplation, es bedeutet, auf einer
anderen Ebene zu leben ...« Und auch in den schwersten
Krisen war es der Strohhalm, an dem sie sich mit eiserner
Energie und Disziplin des Alleinseins festhielt:

> Ich wußte aber, daß ich den Glauben
> an etwas behalten mußte, ich nannte es Schreiben,
> schreiben, schreiben oder sterben.

Einmal, 1927, gelang es Bryher gemeinsam mit ihrem neuen
Ehemann Kenneth Macpherson, H. D. aus ihrem Elfenbein-
turm wieder ans Licht der Welt zu holen. Bryher hatte in Paris
André Gides Neffen Marc Allégret getroffen, und, von der
Begegnung inspiriert, Kenneth eine Kamera geschenkt. Mac-
pherson begann zu filmen und machte seine Geliebte, H. D.,

zum Star von zwei Experimentalfilmen: ›Foothills‹ (1927) und ›Borderline‹ (1929). ›Foothills‹ war ein Film über Telepathie in dadaistischem Kamerastil, ›Borderline‹ laut H. D. das Psychogramm einer »sensiblen Neurotikerin« (H. D.) und eines »hübschen, degenerierten Trinkers« (Gavin Arthur), ein Film über psychische und soziale »Grenzfälle« (daher der Titel): Menschen, die »weder außerhalb des Lebens noch im Leben stehen«, Menschen auf der »kosmischen Rassengrenzlinie«.

Bryher gab der gemeinsamen Filmepisode (sie spielte in ›Borderline‹ eine Hotelbesitzerin) das kulturelle Fundament, indem sie ›Close-Up‹ kreierte, die erste literarische Filmzeitschrift, die Film als Kunst betrachtete. Bryher, die darin höchstpersönlich zum ersten Mal Eisenstein und den russischen Film bekanntmachte, gewann fast alle ihre Literatenfreundinnen und -freunde zur Mitarbeit (selbst Gertrude Stein). Die Zeitschrift traf auf ein starkes Echo, vor allem in Deutschland, u. a. bei G. W. Pabst, und auf entsprechendes Interesse stießen Macphersons Filme mit H. D.. ›Foothills‹ und ›Borderline‹ hatten beachtlichen Erfolg in Berlin, und H. D., die sich auf Bryhers und Kenneths Drängen nach Berlin bequemte, wurde gebührend gefeiert. Man verglich sie mit Louise Brooks und – aufgrund ihrer Intensität und eigenartig gehemmten Körperlichkeit – mit Greta Garbo.

Das Spielen war ein willkommenes Ventil für H. D.s dramatische Persönlichkeit, für ihre in der Rolle der entrückten Dichterin zu kurz gekommene Rolle der »Frau von Welt« (Barbara Guest). Doch der Ausflug in die Welt war nur von kurzer Dauer. Als Bryher sich 1930 mitten in der Filmeuphorie am Genfer See die Bauhaus-Villa ›Kenwin‹ als zukünftiges Filmstudio bauen ließ, verlagerte sich Macphersons Interesse vom Filmemachen auf das Häusermachen. »Und die

Schweizer«, berichtet Barbara Guest, »die in Anbetracht der Modernität des Hauses überzeugt waren, daß seine Besitzer es für pornographische Filme benutzen würden, verboten das Filmen in dem Haus.«

H. D. kehrte in ihre olympische Einsamkeit zurück – vermutlich weil sie ihrer inzwischen vierundvierzigjährigen, stark von Seelenkrisen gezeichneten Physiognomie zu unsicher war, um sie einer anderen Kamera als der eines intimen Bewunderers zu präsentieren. Ironischerweise scheint Freud kurz darauf angedeutet zu haben, das Schreiben gäbe H. D. so wenig Befriedigung, weil sie sich eigentlich wünsche, Schauspielerin zu sein.

Die Empfehlung bei Sigmund Freud verdankte H. D. Bryhers Analytiker, Hanns Sachs, den sie auch schon konsultiert hatte, und Havelock Ellis. Sie begann, 47jährig, ihre Analyse im Frühjahr 1933 in für sie typischer Ambivalenz: Es war ihr nicht genug, als Freuds Analysandin die Schleier ihrer Psyche zu lüften, sondern sie betrachtete sich gleichzeitig als Schülerin des 30 Jahre älteren »Magiers«, dessen »Technik« sie zu erforschen gedachte. (Ihr Bericht über diese Erfahrung, ›Tribute to Freud‹, ist allerdings eher ein Selbstporträt H. D.s als ein Porträt Freuds und seiner »Technik«.) H. D. bezeichnete die Psychoanalyse als »die wahre Wassermann-Wissenschaft, ... Wissenschaft plus etwas Unheimliches oder Übernatürliches – nicht Wissenschaft im alten Sinne des Wortes«. Mit dieser futuristisch klingenden Formulierung stieß sie allerdings bei Freud auf taube Ohren. Sie war enttäuscht, daß er ihren Glauben an das »Übernatürliche« und an ein Weiterleben nach dem Tod nicht teilte (sie widmete ›Tribute to Freud‹ nicht dem »Magier«, sondern dem »untadeligen Arzt«). Sie stand Freud nicht nur ehrfürchtig bewundernd, sondern auch kritisch gegen-

über und hielt ihre eigene Intuition für oftmals schneller als seine. Freud war H. D. zufolge enttäuscht, daß sie ihre Vaterübertragung bereits mit Havelock Ellis absolviert habe und ihm (nur noch?) die Mutterübertragung bliebe. Schon die symbolträchtige erste Begegnung verlief problematisch: H. D. berichtet, »Papa Freud« habe sich beklagt, sie sei der erste Mensch, der sich für die antiken Gegenstände in seinem Arbeitszimmer mehr interessiert habe als für ihn ...
Nach einer ersten dreimonatigen Periode mit einer Analysestunde täglich 1933 in Wien und weiteren fünf Wochen im Herbst 1934 erklärte Freud laut H. D. die Analyse unvermittelt für »beendet«. Es klingt, als habe er sich von einem unlösbaren Rätsel der weiblichen Psyche befreien wollen. H. D. empfand ein gewisses Unbefriedigtsein über Freuds Ermutigung, sie habe »die Art von Träumen, die er von einer Dichterin erwarte«, und über seine Art, mit dem Ausspruch: »Magie ist Dichtung – Dichtung ist Magie« um ihren »Magiekomplex herumzukommen«, wie sie es selbstironisch in einem Brief an Bryher formulierte. Aber sie nahm die Ermutigung des »Väterchens« an. Es beruhigte sie zu erfahren, ihre Schreibproblematik beruhe darauf, daß sie beim Schreiben nicht verbergen könne, was sie zu verbergen habe: Daß sie einerseits ein Mädchen sei und daß sie andererseits ein Junge sei. Als bisexuell »im frühesten ödipalen Stadium fixiert«, scheine es keinen anderen Weg für sie zu geben, schrieb sie, »als zurück in den Mutterschoß. Daher die Inseln, das Meer, die griechischen Primitiven und so weiter«. Darin, daß Freud sie als Dichterin anerkannte, fand sie die Würde ihrer Arbeit bestätigt. Sie befolgte seinen Rat, sich die Krise von 1918 in möglichst unmaskierter Weise von der Seele zu schreiben, und diese Schreiberfahrung (›Bid Me to Live‹) gab ihr Zutrauen zu einer persönlicheren, weniger »imagistisch« und perfektioni-

stisch verhaltenen Schreibweise. »And it was he himself, he who set me free / to prophesy«, *schrieb sie anschließend in ihrem Freud-Gedicht ›The Master‹:* »Er selbst war es, der mir die Freiheit gab / zum Prophezeien.«

Es waren prophetische Worte: H. D. hatte den Boden Freudscher Tatsachen im Handumdrehen wieder verlassen. In den knapp drei Jahrzehnten bis zu ihrem Tod schrieb sie in der Tat nicht mehr »imagistisch«, sondern auf zunehmend persönliche Weise »alchimistisch«. Die Suche nach ihren mystischen Idealen vertiefte sich, und die einzige gesellschaftliche Realität, von der sie sich noch erreichen ließ und die sie dichterisch verarbeitete, war der Zweite Weltkrieg. Die Kriegsjahre (die sie nun nicht mehr als Strafe für ihre Sünden auffaßte) waren eine ihrer produktivsten Schaffenszeiten. Sie schrieb, zusammen mit Bryher, die ihre historischen Romane begann, in ihrer Londoner Wohnung buchstäblich gegen die Bomben an – wie in Erinnerung an den von Pound geteilten Glauben T. S. Eliots, die ganze bestehende Ordnung der Dinge könne durch ein neues Kunstwerk verändert werden. Sie schrieb u. a. ihre Kriegs-Gedicht-›Trilogie‹: ›The Walls Do Not Fall‹, ›Tribute to the Angels‹ und ›The Flowering of the Rod‹ und übergab sie einem neuen Mentor und »Initiator«, Norman Holmes Pearson, zur Veröffentlichung. Von einzelnen Beiträgen in Zeitschriften abgesehen, waren es ihre ersten Veröffentlichungen seit 1931. Die Gedichte hatten beträchtlichen Erfolg und gehören zu den heute vielleicht interessantesten, am stärksten in der Wirklichkeit verankerten »Prophezeiungen« H.D.s. Edith Sitwell pries sie in einem Brief an H. D. als »Gedichte einer Atalanta – einer spirituellen Athletin«.

H. D.s nach-imagistische Dichtung erweiterte ihren Hellenis-

mus zu einer kosmischen Weltschau, die in dem magischen Dreieck zwischen dem griechischen Olymp, den ägyptischen Pyramiden und ihrem christlichen Bethlehem (Pennsylvanien) angesiedelt war und die sich aus immer esoterischeren Quellen und Studien speiste: aus Hermetik, Kabbala, Astrologie, Numerologie, Tarot, Yoga, Meditation und schließlich Tischrücken. Dieser alchimistischen Dichtung mit ihren Kontinente und Kulturen übergreifenden Symbolen und orakelhaften Visionen ist zum Teil schwer – wenn überhaupt noch – zu folgen (ihr letzter Gedichtzyklus trägt den bezeichnenden Titel: ›Hermetic Definition‹). Es entsteht der Eindruck, als hätte H. D. mit ihrer Dichtung ein »subjektiv«-spirituelles Gegenstück zu der »objektiv«-intellektuellen kulturellen Bestandsaufnahme von Ezra Pounds ›Cantos‹ schaffen wollen. Im Zentrum von H. D.s Dichtung, die sie »spirituellen Realismus« nannte, steht unübersehbar eine Vaterfigur – ihr Magier, Meister, Zauberer, Priester, Held, ihr Initiator – in Gottferne entrückt.

Die innere Parallele zu Pounds Werk enthüllt sich am deutlichsten in der Tatsache, daß H. D. ihr Altershauptwerk ›Helen in Egypt‹ 1948 in Lugano unmittelbar nach der Lektüre von Pounds ›Pisaner Cantos‹ begann, von denen sie zutiefst berührt war. ›Helen in Egypt‹ sollten gewissermaßen ihre eigenen ›Cantos‹ werden – eine Aufgabe, an der sie bis 1956 gearbeitet hat und deren Rezeption sie nicht mehr erlebte. In einer ähnlichen Rückwendung auf die eigenen Anfänge wie bei Pound betritt H. D. in der Gestalt Helenas noch einmal die Szenerie ihrer imagistischen Gedichte – »Sandalen, Blumen, Inseln, Sand und Schiffe« (Barbara Guest). Sie folgt der Version des griechischen Dichters Stesichorus (6. Jh.), wie Eliza M. Butler sie in ihren Studien zu Goethes Helena-Szene in ›Faust II‹ nachgewiesen hatte: Helena sei während des Trojanischen Krieges gar nicht in Troja, sondern in Ägypten gewesen. »Helena von Troja war ein Phantom. ... Die Griechen ebenso wie die Trojaner haben um eine Illusion gekämpft.« H. D. kreist hier noch einmal um die Frage ihrer eigenen Illusionen; um die Themen, die sie seit ihrer Begegnung mit Pound beschäftigt hatten: die Zweifel an der eigenen Identität; die unmögliche beziehungsweise nur durch den Tod (in der Wiedergeburt) mögliche Liebe – »Der Pfeil der Liebe / ist der Pfeil des Todes«; das Auseinanderklaffen von Ideal und Wirklichkeit und letztlich von Schreiben und Leben.

Inzwischen lebte H. D. in einem Sanatorium in Küsnacht bei Zürich. Ihr langjähriges Domizil in Luganer und Lausanner Hotels (nur wenige Minuten von ›Kenwin‹ entfernt und doch entfernt genug, um ungestört schreiben zu können) hatte sie 1953 aus gesundheitlichen Gründen aufgeben müssen. Doch Dr. Brunners ›Nervenklinik‹ am Zürichsee, ein Zufluchtsort für gescheiterte Existenzen und Exzentriker (ein »Mikrokosmos der Welt«, so Bryher), entpuppte sich laut H. D. als »irdisches Paradies«, wo sie in beschützter Einsamkeit bis fast zu ihrem letzten Tag weiterschrieb. Hier vollendete sie u. a. ›Helen in Egypt‹, schrieb ›Tribute to Freud‹ und ›Hermetic Definition‹. Und hier erlebte sie dank dem treuen Einsatz von Bryher und Norman Holmes Pearson, der zu ihrem literarischen Bevollmächtigten geworden war, einen späten Erfolg mit zahlreichen Veröffentlichungen in England und Amerika und öffentlichen Ehrungen. Der Gold Medal Award der American Academy of Arts and Letters krönte sie 1960, ein Jahr vor ihrem Tod, als erste Frau offiziell zur »Queen of Song«.
Hier in Küsnacht unternahm H. D. schließlich 1958 ihren

Pound-Exorzismus ›Das Ende der Qual‹, während Pound zur gleichen Zeit auf seine Befreiung aus der Internierung wartete. Zehn Jahre zuvor hatte sie Pounds Rückbesinnung in seinen ›Pisaner Cantos‹ als Besinnung auf seine frühe Liebe zu ihr verstanden und sich mit der »Dryade« und dem »lieblichen Luchs« des ›Canto LXXIX‹ identifiziert. Nun, als 72jährige, identifizierte sie sich mit ›Undine‹, Pounds neuer junger Bewunderin Sheri Martinelli. Ihre Vergangenheit mit Ezra Pound wurde noch einmal zur Gegenwart. Nach seiner Freilassung wollte Pound sie zusammen mit Sheri Martinelli besuchen. Als daraus nichts wurde – statt ›Undine‹ begleitete die nächste und letzte Altersliebe, Marcella Spann, Pound und seine Frau nach Europa –, schickte H. D. ihm nur das Manuskript ›Das Ende der Qual‹. Der Titel sei »etwas optimistisch«, war Pounds Kommentar.

Auch für H. D. selbst war dieses Schreiben zweifellos nicht das »Ende ihrer Qual«. Eher war es ein roter Faden, der zu einem Knoten wurde. Im Knotenpunkt erscheint sie, die immer noch über ihrem eigenen Rätsel Rätselnde – »Was ist es?« »Was verbergen Sie?« Immer noch das Probieren von Schleiern und Masken, die Mühe, »das, was höchst real ist, für mich selbst real zu machen«, immer noch die Selbstmystifikation, die schillernde Unsicherheit zwischen Wollen und Können, zwischen Anmaßung und Ausflucht, kurz, die weibliche Zerrissenheit zwischen Selbstbild und Bild.

Die späten Jahre: Ezra Pound und Hilda Doolittle.

Die Villa Verena in Küsnacht am Zürichsee.
Hier schrieb H. D. 1958 *Das Ende der Qual*.

Das Ende der Qual

[Küsnacht]
Freitag
7. März 1958
Schnee auf seinem Bart. Aber er hatte keinen Bart damals. Schnee weht von Tannenzweigen, trockener Puder auf dem roten Gold. »Ich gewinne fünf Freunde meiner Haare wegen auf einen meiner selbst wegen!«
Oder trug er einen weichen Hut, eine über die Augen gezogene Mütze? Eine Maske, eine Verkleidung? Seine Augen sind sein am wenigsten eindrucksvolles Merkmal. Aber irre ich mich? Sie scheinen klein; Farbe? Kieselgrün? Sicher kein unbedeutendes Merkmal. Mondlicht flutet romantisch-schauerlich durch diese in Kupfer gestochenen Bäume. Kalt?
Eine Art *rigor mortis*. Ich bin in diesem Moment erstarrt.
Vielleicht behielt ich ihn mein ganzes Leben, es ist das, was sie meine *imagery* nannten; selbst jetzt sprechen sie noch von »Versen, so scharf geschnitten, als wären sie aus Stein«, und sie sagen: »Sie kristallisiert – das ist das richtige Wort.« Sie sagen: »Das ist das richtige Wort.« Dieser Moment mußte 50 Jahre auf das richtige Wort warten. Vielleicht hatte er es gesagt; vielleicht war das Wort in den Reif unseres vermischten Atems geschrieben. Er mag neunzehn gewesen sein, ich war ein Jahr jünger. Maßlos intellektuell, maßlos überlegen, maßlos ungeschliffen, ein Geschöpf, das keinem der

Brüder und der Brüder Freunde und der Jungen glich, mit denen wir tanzten (und er tanzte schlecht). Mit ihm wollte man um dessentwillen tanzen, was er sagen würde. Es war unwichtig, ob eine Menge Leute ringsum waren. Hier im Winterwald schien es von Bedeutung.
Zugleich schien es unendlich trivial – prahlte er? Warum mußte er es sagen? Er sagte: »Sie hat gesagt: ›Hast du schon mal ein Mädchen geküßt?‹ Ich habe gesagt: ›Unter dem Felsen von Gibraltar noch nie.‹«
Kein Grund damals, die Frage zu stellen. Erste Küsse? Im Wald, im Winter – was erwartete man? Das nicht. Elektrisch, magnetisch, sie wärmen nicht so sehr, sie magnetisieren, beleben. Wir brauchen nie mehr zurückzugehen. Uns unter die Bäume legen. Hier sterben. Wir frieren nicht mehr; ist das nicht ein erstes Symptom des *rigor mortis?*
Sie sagten immer: »Lauft herum, Kinder; solange ihr nicht aufhört zu laufen, ist es gut.« Hatte ich aufgehört zu laufen?
Hör einen Moment auf zu laufen, wenn du dich traust, ihn dir in Erinnerung zu rufen.
Es gibt nur noch sehr wenige, die wissen, wie er damals aussah. Etwas erinnert an einen jungen, robusteren Ignace Paderewski oder gar den rotblonden Swinburne, wenn sein zerbrechlicher Körper je die Reife erreicht hätte. Aber dieser junge (und schon) Bilderstürmer ist rauher und zäher als der polnische Dichter oder der englische Barde. Man

munkelt bei uns, daß er »schreibt«, aber mit mir hat er noch nicht darüber gesprochen. »Wo seid ihr? Kommt zurück –«, ruft die Menge von der eisigen Rodelbahn. »Ruf zurück«, sage ich, und er parodiert einen heiseren Jodler, dann »*Haie! Haie! Io*« (das ist in seinen Gedichten zu lesen). Er scheint instinktiv in die Alltagsexistenz zurückgeschaltet zu haben. Er zieht mich aus dem Schatten.

8. März
Jetzt wird das niemand verstehen. Sie kommen aus ihren Löchern. »Aber Sie müssen über ihn schreiben.« Aber was ich schreibe, gefällt ihnen nicht. Erich [Heydt] nennt sie *Ameisen,* ich bin nicht ganz sicher, aber natürlich steht *ants* in meinem kleinen Wörterbuch. Erich sagt, er möchte, daß die *ants* oder Ameisen einen Kommentar zu den *Cantos* schreiben. Eine Auswahl davon ist in einer neuen deutsch-englischen Ausgabe erschienen, die er in Zürich bekommen hat. »Wollen Sie es?« sagte er und reichte mir das Buch. Das Gesicht sah mich aus der dunklen Spiegelung des Buchdeckels an. Ich mochte, wie er sich anfühlte. Das Gesicht, frontal, bronzefarben vor dem schwarzen Hintergrund, sah mich an, eine Spiegelung in einem metallenen Spiegel. »Nein«, sagte ich und gab ihm das Buch zurück. »Aber da steht etwas über Sie«, sagte Erich, »hier; Eva Hesse sagt, daß er den Begriff ›imagistisch‹ erfand, um die Verse der jungen Dichter –

Dichterin – hier – Sie – zu erklären.« Aber ich nahm das Buch nicht. »Ich habe das schon einmal irgendwo gelesen«, sagte ich. Ist das gar nicht neu, sondern ein Nachdruck des Buches, das ich vor vielleicht drei Jahren bekam? Ich hatte viele Bücher und Stapel von Papieren und Broschüren, aber die meisten schickte ich zurück nach Vevey, wo sie mit meinen anderen Büchern im Haus einer Freundin gelagert wurden. Ich las die *Cantos* oder las an ihnen oder in ihnen. Norman Pearson bat mich immer wieder, Anspielungen zu erklären. Ich gab das alles auf. Dann las ich einen Artikel, *Weekend with Ezra Pound,* und alles kam wieder. Ich bat Joan [Waluga], mir die neue Ausgabe des alten Buches in Zürich zu besorgen.

In diesem *Weekend* von David Rattray in *The Nation* vom 16. November 1957 ist das Porträt von Wyndham Lewis aus der Tate Gallery abgebildet. Wyndham Lewis kam immer in unsere kleine Wohnung in Kensington, um Richard Aldingtons Rasierapparat auszuleihen. Das ärgerte Richard. Ezra und Dorothy hatten eine etwas größere Wohnung auf der anderen Seite des schmalen Innenhofs. Eines Tages, als sie noch nicht verheiratet waren, fand ich die Tür offen, und Ezra war da. »Was – was machst du?« fragte ich. Er sagte, er suche einen Ort, wo er mit Yeats fechten könne. Ich war ziemlich fassungslos, als sie wirklich einzogen. Es war so nahe. Aber bald darauf zogen wir nach Hampstead in eine größere Wohnung, die ein Freund für uns gefunden hatte.

Dann sahen wir nicht mehr viel von Ezra und der Kensington-Gruppe, Olivia Shakespear (Dorothys Mutter), Violet Hunt, Ford Madox Hueffer (wie er damals hieß) und den übrigen. Der Krieg von 1914 hatte begonnen. Richard und ich heirateten im Oktober 1913 nach unseren, wie Ezra es nannte, »inoffiziellen Flitterwochen in Italien«.

Ich sah Ezra in jenem Jahr in Venedig auf dem Rückweg von Capri-Neapel.

Er mußte mir eine Kirche zeigen. Wir eilten durch Gäßchen oder *calli,* über Brücken, durch enge Durchgänge, das Labyrinth. Es war »ein Spüren / nach des Labyrinthes Plan« aus dem Gedicht von Ramon Guthrie. Es war sehr heiß – Mai, glaube ich. Die Kirche war kühl und hatte einen Balkon mit eisigen Nixen, Santa Maria dei Miracoli. Jahre später war ich noch einmal dort, und in den Jahren des Zweiten Weltkriegs in London hatte ich immer das Votivbild der Santa Maria, das der Küster mir geschenkt hatte, und ein anderes Heiligenbild (St. Markus) in meiner Handtasche. Ezra war in Rapallo, wie wir wissen.

Als ich nach dem Krieg, im Mai 1946, hierher nach Küsnacht kam, räumte ich den schmuddeligen Inhalt aus meiner Handtasche. Warum zerriß ich die Bilder? Sie waren eben abgenutzt und alt wie ich, und ich mußte neue Talismane finden. Ich fand sie in meinem Schreiben. Ich schrieb fieber-

haft, aber der wirkliche Inhalt meiner Ezra-Geschichte wurde nicht berührt, nur leicht gestreift.
Mr. Morley, einer der Gäste hier, fragte mich, ob ich Gaudier-Brzeska kenne – oder er sagte, einen polnischen Bildhauer in London, der im Ersten Weltkrieg gefallen sei. Wie kam es überhaupt, daß wir miteinander sprachen? An den Tagen, an denen Dr. Heydt nicht kommt, trinke ich unten im Speisesaal Kaffee. Ich hatte Ezra nie erwähnt, außer gegenüber Heydt und Joan – nun geht plötzlich eine Tür auf. Mr. Morley wußte von ihm.
Mr. Morley ist ein hochgewachsener, depressiver amerikanischer abstrakter Künstler mit einer angenehmen Stimme. Er sprach über Joyce, Yeats, Eliot. Diese ganze Welt, diese Leute kommen mir zu Bewußtsein. Heute bringt er mir ein Bild. »Sie müssen es behalten«, sagte er. Es ist ein blaues Tier, ein Löwe, der hinter symbolischen Gitterstäben trottet, die Bäume sein könnten. Es ist *Der Dichter im eisernen Käfig*. Die Zeichnung ist faszinierend. Joan sagte, sie würde mir das Bild aufhängen, und kam hoch, um einen Platz dafür zu suchen.
Ich bin anonym hier oder versuche, es zu sein. Aber über Ezra zu sprechen und an ihn zu denken, schafft menschliche, Menschlichkeit schaffende Bande. Aber das geschah erst kürzlich; ich meine, diese einfache, natürliche Annäherung ist mir möglich, seit ich wieder und wieder das *Weekend* lese.

9. März

Joan sah dauernd das Bild an, als wir unser übliches rituelles Glas Chianti vor dem Essen tranken. Sie hatte es an der Wand über den Lausanner Bücherregalen befestigt, die Bryher für mich hatte kommen lassen. Ich sehe den Löwen vom Bett aus, wenn ich nach dem Frühstück hier schreibe. Joan sagte: »Er sieht aus wie ein Wasserbüffel.« Sie sagte: »Da sind Vögel – jetzt sehe ich noch einen Vogel.« Von hier aus sehe ich den Kopf des Löwen nicht, es könnte ein Minotaurus sein. Er scheint aus seinem Käfig hervorzubrechen. Wieder ist es das »Pirschen, Schleichen / Wie beim Jaguar oder Irbis zu Zagreus' Zeit« aus dem Gedicht von Guthrie.

Die Stäbe sind jetzt Bäume. Wird der Löwe mich verschlingen oder erlösen – oder beides?

Sie sagen, ich müsse mich noch einmal in Zürich röntgen lassen. Das erschreckt mich. Das ist der Schrecken, von dem man nicht sprechen kann, *that walketh by night,* der nachts umgeht. Womöglich verlangen sie, daß ich wieder in der Klinik bleibe. Es ist die Angst, gefangen, eingesperrt, gefesselt zu sein, gefesselt wochenlang ans Bett. Letzten Winter war ich sechzehn Wochen dort in der Klinik Hirslanden. Aber jetzt kann ich ums Haus gehen. Es ist sowieso zu bitter kalt, um hinauszugehen...

In der Zeit meines ersten Wochenbetts, 1915, sah ich ihn nicht. Ich verlor dieses Kind. Das zweite kam vier Jahre später, 1919. Er rauscht in das wohlanständige St. Faith's Nursing Home in Ealing bei London. Bart, weicher schwarzer Hut, Ebenholzstock – etwas unglaublich Opernhaftes – Directoire-Mantel, Verdi. Er schritt und stolzierte quer durch den Raum. Er hustete, prustete oder lachte: »Du siehst aus wie die alte Mrs. Grumpy« (oder so ähnlich) »in Wyncote.« In Wyncote, außerhalb von Philadelphia, hatten die Pounds gewohnt. Ich trug tatsächlich ein kleidsames (dachte ich) schwarzes Spitzenhäubchen. Natürlich sah ich nicht aus wie eine Sylphe. Er soll seinen Ebenholzstock wie einen Taktstock geschwungen haben. Ich kann mich nicht erinnern. Da ist aber sein Klopfen, sein Mit-dem-Stock-an-die-Wand-Klopfen, *Pounding,* in meinem Kopf. Er hatte schon einmal so mit einem Stock geklopft, in einem Taxi während einer schweren Krise meines Lebens. Dies war eine schwere Krise meines Lebens. Sie fand hier statt. »Aber«, sagte er, »meine einzige wirkliche Kritik ist, daß es nicht mein Kind ist.«

Ich fragte mich, wer ihn hereingelassen hatte. Ich wußte nicht, daß er kommen würde. Schreien war mir verboten, untragbar. Wollte ich schreien? Es tat mir leid, daß mein Anblick ihn schockierte. Am nächsten Mittag, am 31. März 1919, wurde das Kind geboren.

Das erste Mal im Taxi, das war, bevor ich verheiratet war. Frances Gregg hatte die Lücke in meinem Leben in Philadelphia gefüllt, nachdem Ezra fort war, nachdem unsere »Verlobung« »gelöst« war.

Mag sein, daß der Verlust Ezras ein Vakuum hinterließ; jedenfalls füllte Frances es wie eine blaue Flamme. Mit ihr und ihrer Mutter machte ich im Sommer 1911 meine erste Reise nach Europa. Frances schrieb etwa ein Jahr nach ihrer Rückkehr nach Amerika, daß sie heiraten würde. (»Wenn dieser Brief Dich erreicht, bin ich verheiratet.«) Sie sagte, ein Zweck ihrer Heirat mit diesem englischen Hochschullehrer – oder eigentlich der Hauptzweck – sei die Rückkehr nach Europa, damit sie sich mir wieder anschließen könne; wir würden alle zusammen nach Belgien gehen, wo »Louis« lehrte.

Ezra wartete auf mich auf dem Trottoir vor dem Haus in der Nähe des Oxford Circus, wo ich ein Zimmer hatte. Sein Erscheinen war wieder unverhofft, unvorhersehbar. Er fing an: »Ich, als dein nächster männlicher Bekannter...«, und winkte ein Taxi herbei. Er schubste mich hinein. Er klopfte mit seinem Stock, Pounding, wie ich gesagt habe. »Du fährst nicht mit ihnen.« Ich hatte sie am Tag zuvor in ihrem Hotel in der Nähe der Victoria Station getroffen. Alles war arrangiert. Ezra mußte sie danach gesehen haben. »Es besteht eine vage Chance, daß die ›Egg‹« (so nannte er sie) »glücklich wird. Du wirst alles verderben.« Verlegen erklärte ich in der Victoria Station einer verheirateten Frances mit einem langen Reiseschleier aus Tüll, daß ich nicht mitkäme. Ich hätte es mir anders überlegt. Verlegen gab mir der Gatte den

Scheck zurück, den ich für meine Fahrkarte ausgestellt hatte. Grollend und finster wartete Ezra, bis der Zug abfuhr.

10. März
Richard Aldington hatte mir aus Sury-en Vaux in Frankreich den *Weekend*-Artikel geschickt. Ich sandte ihn zurück und bat dann darum, ihn noch einmal zu bekommen. Ich wollte, daß Erich Heydt ihn las und Bryher und George Plank, der für ein paar Tage hier war. Ich hatte zu George gesagt: »Es war das erste Mal, daß ich über Ezra *lachte,* seit – wie vielen Jahren? Es war das Marmeladenglas oder Erdnußbutterglas mit Tee.« Ich bekam den Artikel wieder, schickte ihn George nach Sussex, er schickte ihn zurück, Joan las ihn. Bryher las ihn. Erich las ihn. Wir hatten alle das Gefühl, daß Ezras Umgebung erbärmlich war. So redete ich über Ezra. Wieder schrieb ich an Richard in Frankreich und fragte, ob ich das *Weekend* zurückschicken solle. Er schrieb zurück: »Behalte Rattrays Artikel über Ezra unbedingt. Es ist eine so willkommene Abwechslung, wenn von ihm als Mensch berichtet wird und nicht als journalistische Abstraktion oder als politischer ›Fall‹.«
Es ist ein menschlicher Ezra, der Bücher von einem Tisch in May Sinclairs Studio auf ein unerreichbares Bord hinaufschleudert, das unter der hohen Dachschräge an der Wand entlanglief. »Die Leute drän-

gen sich dir auf«, sagte er, »du kannst diese Bücher nicht runterholen. Du kannst nicht all diesen Leuten Briefe schreiben.« Nachher erklärte er uns: »Es ist ihr *Divine Fire*. Habt ihr es gelesen?« Nach Ezra war das ein Elritzenschwarm, Dichter von der Art des unterprivilegierten Helden in *The Divine Fire*. Ich hatte den Roman in Amerika gelesen, bevor ich es mit Frances und ihrer Mutter verließ. Ich hatte nie erwartet, irgend jemanden von diesen berühmten Leuten kennenzulernen. Das Merkwürdige ist, daß Ezra so unglaublich freundlich war zu jedem, von dem er meinte, er hätte auch nur den kleinsten Funken von unterdrücktem Talent. Ich denke immer noch an diese Bücher, schmale Gedichtbände, zum größten Teil Erstlingswerke, könnte ich mir vorstellen. Wahrscheinlich ließ Miss Sinclair einen Hausmeister, einen Fensterputzer oder einen Feuerwehrmann mit einer großen Leiter kommen. Mit ihrer erstaunlichen edwardianischen Höflichkeit würde sie ihre Elritzen nicht vernachlässigen.

Richard und Ezra und ich gingen an jenem Morgen in Kensington spazieren, als Ezra sagte: »Wir schauen bei May rein.« Miss Sinclair öffnete die Wohnungstür. Ihre Queen-Mary-Ponyfrisur war auf Papierlockenwicklern aufgedreht. Ich zog an Richards Ärmel, um ihm zu bedeuten, daß wir nach Hause gehen sollten, aber Ezra hatte das Studio schon betreten. May Sinclair erwähnte ihre frühmorgendliche Erscheinung mit keinem Wort. Sie war, wie Norman Douglas einmal sagte, »etwas Seltenes heutzutage, meine Liebe, eine Gentlewoman«.

11. März
In den frühen Zwanziger Jahren sah ich sie allein in ihrem Haus in St. John's Wood und dann noch einmal in meiner Wohnung in der Sloane Street. Sie hatte damals eine ziemlich schreckliche Krankenpflegerin bei sich. Bald danach verschwand sie in einer Nervenklinik, so wurde berichtet. Ich sah sie nicht mehr wieder. Nach ihrem Tod, als ich 1947 in Lausanne war, bekam ich eine Nachricht von ihrem Rechtsanwalt. Sie hatte Ezra, Richard und mir je 50 oder 100 Pfund hinterlassen und eine Auswahl von etwa 50 Büchern aus ihrer Bibliothek. Eine lange kopierte Liste war beigefügt. Der Rechtsanwalt, ein Neffe, glaube ich, schrieb, es gäbe mehrere Anwärter auf die Bücher, und gab zu verstehen, daß ich nicht zu viele nehmen sollte. Ich bat um alle Bücher von Ezra, von Richard, meine eigenen, einige von Mays Romanen und eine Shakespeare-Konkordanz.

Wyndham Lewis starb vor ein paar Jahren. Er wurde einige Zeit vor seinem Tod blind.
War ich blind? Erich Heydt, der junge deutsche *Oberarzt* hier, schien das zu denken. Als ich zum zweitenmal hierherkam, im Sommer 1953, nach

einer Operation in Lausanne, stach er eine Injektionsnadel in meinen Arm. Es war vielleicht das zweite oder dritte Mal, daß ich ihn gesehen hatte – oder war es das erste Mal? Er sagte: »Sie kennen Ezra Pound, nicht wahr?« Von einem Fremden geäußert, war das ein Schock. Vielleicht injizierte er mir Ezra oder injizierte ihn mir von neuem. Ich brachte eine vage Bejahung zustande und fragte mich, was das Dr. Heydt anging. Es stellte sich heraus, daß er mit einer Art Forschungsstipendium oder Reisestipendium in Amerika gewesen war. Er hatte mehrere Krankenhäuser und Kliniken besucht, unter anderem war er eine Zeitlang im St.Elizabeth's Hospital. Woher wußte er, daß ich Ezra kannte? Er hatte ihn im Garten gesehen, umringt von einer Gruppe von Besuchern, Anhängern. »Ich fragte, wer sie seien. Ich hatte einige von ihnen in der Kantine gesehen.« Ich wollte nicht darüber sprechen. »Warum sehen Sie mich nicht an?« sagte Dr. Heydt. »Warum schauen Sie aus dem Fenster? Ich rede mit Ihnen.«

Ich war zu schwach, um darauf achtzugeben oder zu hören, was er sagte. Aber vielleicht gab ich doch acht.

Heute nachmittag ließ sich Erich Heydt von mir etwas aus diesen Aufzeichnungen vorlesen. Er sagte: »Die Einfachheit inmitten der Verwirrung ist wunderbar.« Pedantisch kritisierte er die Art und Weise, wie ich Eva Hesse wiedergegeben hatte:

»Sie sagt, er habe die *imagistische Schule* gegründet, um Sie *ins rechte Licht* zu rücken.«
Séraphîta. Eine Geschichte von Balzac. Das Wesen, er-sie, verschwindet oder stirbt im Schnee. Séraphîtus. Ezra brachte mir die Geschichte.
Die Vollkommenheit des leidenschaftlichen Augenblicks kann nicht andauern – oder doch?

12. März
Es gibt ein Gebet: *10ème Jour lunaire*. Es endet mit den Worten: *Que mon cœur soit sincère en Tes statuts, afin que je ne sois pas vêtu de confusion*. Mein Herz sei aufrichtig in deinen Gesetzen, auf daß ich nicht in Verwirrung gehüllt sei.
Ich war in Verwirrung gehüllt. Ich war auf ein falsches Gleis gedrängt worden. Ist jedes Gleis falsch? Ich ärgerte mich über die Jahre, in denen ich mich aufs College vorbereitete und die mit Musik, mit Zeichnen hätten verbracht werden können. Lyrik? Ich hatte genug Lyrik gelesen. »Du bist ein Gedicht, wenn dein Gedicht auch nichtig ist«, zitierte Ezra. Woraus? Ich fragte ihn nicht. Wir waren auf den großen Ahornbaum in unserem Garten außerhalb von Philadelphia geklettert.
Da gab es ein »Krähennest«, das mein jüngerer Bruder gebaut hatte – Bretter zum Sitzen und eine Art Plattform. Das Haus verbirgt sich hinter den großen Ästen. Gelegentlich kommt ein Pferdekarren oder eine Kutsche von der Landstraße oder dem

turnpike jenseits der Hecke. In halbstündigen Intervallen rattert eine Straßenbahn oder ein *trolley* vorbei. Er darf den letzten *car* und den Zug nach Wyncote auf der Main Line nicht verpassen. »In einer halben Stunde fährt noch eine Bahn«, sage ich und will aus dem »Krähennest« gleiten.

»Nein, Dryade«, sagt er. Er zieht mich zurück. Wir schwanken mit dem Wind. Es geht kein Wind. Wir schwanken mit den Sternen. Sie sind nicht weit. Wir gleiten, rutschen, fliegen hinab durch die Äste, springen zusammen auf den Boden. »Nein«, sage ich und reiße mich aus seinen Armen, »nein«, und weiche vor seinen Küssen zurück. »Ich laufe voraus und halte die Straßenbahn an, nein – schnell, hol deine Sachen – Bücher – was du in der Diele gelassen hast.« »Ich nehme sie das nächste Mal mit«, sagt er. »Lauf«, sage ich, »lauf.« Gerade noch erreicht er die Bahn, die gefährlich schwankt und kaum anhält, nur halb anhält. Jetzt muß ich ihnen gegenübertreten im Haus.

»Er war wieder spät dran.« Mein Vater zog seine Uhr auf. Meine Mutter sagte: »Wo warst du? Ich habe gerufen. Hast du mich nicht gehört? Wo ist Ezra Pound?« Ich sagte: »Oh – er ist gegangen.« »Bücher? Hut?« »Er nimmt sie das nächste Mal mit.« Warum war ich nur von diesem Baum geklettert?

»... Profil einer Raubkatze« – *Merkur,* Januar 1958, ein Artikel von Peter Demetz – »mit dem Racquet durch die Luft schlagend. Ich sah das chinesische Amulett auf seiner Brust – ich sah das brüchige Sonnenschild aus Zelluloid, das mit einem Stück Leukoplast aufs Geratewohl... nachlässig... zusammengeklebt war – draußen, zwischen zwei mächtigen Platanen, stieg eben Mrs. Pound aus dem alten Ford. Ich stellte ein paar Rohrstühle im Halbkreis zusammen... die regungslos wartenden Wahnsinnigen, die starr zu uns herüberblickten. Pound erzählte von seinen Freunden in Paris, und es fing an zu regnen. Pound öffnete die Türen des alten Ford... Bücher, Wäschepakete und Marmeladengläser, die Mrs. Pound mitgebracht hatte. Er interpretierte *Pisaner Gesänge* – zeichnete Lageplan des Pisaner Straflagers – Trommeln des Regens – zerfetztes Sonnenschild – Erinnerungen eines Capaneus – später, Beschreibung seiner Flucht. Dieser jugendlich Erbittertste unter den *grand old men* der Literatur – verbarg eine heimliche Demut...«

Vor etwa zwei Jahren erschien *Der Dichter im eisernen Käfig*. In diesem neuen Artikel des deutschen *Merkur* werden Pounds Liebe und Haß hervorgehoben.

Ich schrieb diese paar nachlässigen Sätze hin, während Erich mir den Artikel vorlas. Es ist sicher ein ausgezeichneter Aufsatz, wie viele, die ich über Ezra gelesen habe, aber er hinterläßt bei mir ein schreckliches Gefühl der Frustration. Es wird so viel *geschrieben* und gut geschrieben über den umstrittenen *Dichter*. Was ist mein Beitrag? Ich hoffe, Erich hat recht, wenn er von meinen eigenen Aufzeichnungen sagt: »Die Einfachheit inmitten der Verwirrung ist wunderbar.«

13. März

Für den *15ème Jour lunaire* gibt es ein Gebet... *ne me rends point confus dans mon espérance* (verwirre mich nicht in meinem Hoffen).

Da ist das erste Buch, das aus Venedig geschickt wurde, *A Lume Spento*. Es ist William Brooke Smith gewidmet. Ezra hatte ihn mir vorgestellt. Er war Kunststudent, groß, anmutig, dunkel, und trug einen »Schmetterlingsbinder«, wie man ihn auf den frühen Yeats-Porträts sieht. Ezra las mir einen Brief von ihm vor; das war unter der Lampe an unserem Wohnzimmertisch. Der Brief war poetisch, überschwenglich; geschrieben, so schien es, mit sorgfältigem Zeilenabstand und sparsamem Rand. Ich sah die Schrift nur flüchtig, Ezra gab mir den Brief nicht. Der Junge war schwindsüchtig. Seine Schwester war gerade gestorben.

Er winkte uns einmal aus der Straßenbahn. Ich fragte mich, was er auf unserem West Chester-*turnpike* machte. Seine Schwester war anscheinend in der Nähe von West Chester begraben. Es schien weit entfernt von Wyncote. Oder träume ich das?

»Was ist es? Was ist es?« Sie pflegten nie direkt zu antworten. Sie pflegten zu sagen: »Er ist so exzentrisch.« »Was ist es?« »Er ist unmöglich; er sagte zu Professor Schelling, daß Bernard Shaw bedeutender sei als Shakespeare.« »Was ist es?« »Er zieht die Aufmerksamkeit auf sich; er trug grelle, leuchtende Socken, die die älteren Studenten für Erstsemester ausgeschlossen hatten. Die Zweitsemester warfen ihn in den *lily pond,* den Lilienteich. Sie nannten ihn ›Lily‹ Pound.« »Was ist es?« Er geht jetzt in Kurse für Graduierte; das geschah, wenn es geschah, vor langer Zeit. Warum befassen sich die Damen der Fakultät mit solchen Kleinigkeiten? Was ist es? Er ist jetzt weit genug weg, als Dozent für romanische Sprachen. »*Was ist es?*« Er kam zurück, er kam zurück, er kam zurück.

Sie forderten ihn auf zu gehen. Mein Vater sagte: »Mr. Pound, ich sage nicht, daß *diesmal* irgend etwas falsch war. Ich will Ihnen nicht das Haus verbieten, aber ich möchte Sie bitten, nicht so oft zu kommen.« »Was ist es?« »Ich fand sie im Schnee, als ich einen Brief zur Post brachte. Sie kam von einer Wanderbühne und war hier gestrandet. Sie wußte nicht, wohin sie gehen sollte. Ich forderte sie auf, mit in mein Zimmer zu kommen. Sie schlief in meinem Bett. Ich schlief auf dem Boden.« »Was ist es? Es ist noch mehr als das. Cousin Edd kennt Leute in Wyncote, die ihm erzählten – .« Aber sie erzählten mir nicht, was sie ihm erzählt hatten. »Was ist es? Cousin Edd kennt Leute in Wyncote – .« »Ach – *das* – und ich dachte, unser Cousin Edd wäre ein anständiger alter Junge.« Ein Geistlicher,

ein Cousin meiner Mutter, hat ihr erzählt – »Was? Was? Was?«
»In Wyncote sagt man, ich sei bisexuell und würde mich widernatürlichen Lüsten hingeben.« Ich verstand nicht, was die Worte bedeuteten. Heutzutage würde jeder erfahrene Teenager darüber lachen. Aber das war – 1906? 1907?
»Du mußt mit mir weggehen, Dryade.« »Wie denn? Wie denn?« Sein Vater würde genug zusammenkratzen, damit er davon leben könnte. Ich hatte nichts. »Jedenfalls sagt man«, vertraute mir eine alte Schulfreundin an, als wollte sie mich aufmuntern, »daß er sowieso mit Mary Moore verlobt ist. Bessie Elliot hätte ihn mühelos haben können. Vorher gab es Louise Skidmore.« *Was ist es? Was ist es?* Die Verlobung, wie sie nun einmal war, zerbrach wie ein zu Boden geschleuderter venezianischer Glaspokal.
Erich sagte heute nachmittag, als ich ihm diesen letzten Abschnitt vorlas: »Aber Sie haben nicht gesagt, daß Sie wirklich verlobt waren.« »Es ist implizit enthalten. Ich habe Ihnen nicht alle Seiten vorgelesen. Ich las den Abschnitt über Frances, die eine Lücke in meinem Leben füllte, nachdem die Verlobung ›gelöst‹ worden war. Hätte sie denn, diese – die historische Miss unserer Geschichte – weiter diese leidenschaftlichen Küsse geduldet, von denen ich am Anfang spreche, wenn es nicht – nicht zumindest eine Abmachung gegeben hätte?« »Sie sagten nicht, daß er Ihnen einen Ring gegeben hat.

Hat er Ihnen einen Ring gegeben?« »Natürlich – wie *deutsch* Sie sind – .« »Es wurde bekanntgegeben, jeder wußte es?« »Ach, wie Sie auf die unwichtigen Details kommen. Ja, nein. Ich meine, es war abgemacht, aber meine Eltern waren unglücklich darüber, und ich war scheu und ängstlich. Es gab nicht die herkömmliche Party – ein Essen oder einen Ball, wenn Sie das meinen. Aber *was* bedeutet das schon?«

»Kamen seine Eltern zu Ihnen?« »Natürlich.« »Waren sie erfreut?« »Sehr – meine nicht, wie gesagt. Mrs. Pound schenkte mir einen exquisiten Perlenanhänger.« »Dann *waren* Sie verlobt. Haben Sie den Ring zurückgegeben?« »Natürlich.« »Hat er Ihnen geschrieben, als er nach Venedig ging?« »Ja-ja-ja-ja-ja-.«

14. März
»Was meinte Ihr Vater, als er sagte: ›Ich sage nicht, daß *diesmal* irgend etwas falsch war?‹ Wußte er davon? Wie erfuhr er davon? Sie sagen nicht, wie er davon erfuhr.« »Guter Gott – es ist impliziert – es gab Gerede – .« »Wer redete? Was sagten sie?« »Wie sollte ich das wissen.« »Fragten Sie nicht?« »Nein-nein-nein-nein-.«

»War das ein Quäker-College? War es weit entfernt von Philadelphia?« »Ich glaube nicht, daß es Quäker waren – irgendwo im mittleren Westen – nicht sehr nah – .« »Es muß für Sie sehr schwer gewesen

sein in einer solchen Familie. Waren Sie eifersüchtig auf dieses Mädchen, das er gefunden hatte und das in seinem Bett schlief?«
»Wie konnte ich auf jemanden eifersüchtig sein, der in seinem Bett schlief?« »Dann haben Sie also nicht – ?« »Erwarten Sie von mir, daß ich in biologische, pathologische Einzelheiten gehe?« »Ja.« »Warum denn?« »Weil es interessant ist und weil ich immer wußte, daß es etwas gibt, das Sie mir nicht erzählen wollen.«
»Waren Sie dabei, als Ihr Vater zu ihm sagte, er solle nicht mehr kommen?« »Ja – aber er sagte, er solle nicht so oft kommen.« »Kam er wieder?« »Ja – nein – halt – mein Halbbruder und meine Schwägerin wohnten in einem Flügel des Hauses. Es war ein großes Haus. Wir trafen uns dort – manchmal im Haus eines Freundes –.« »Erzählen Sie weiter –.« »Vielleicht das nächste Mal; vielleicht am Montag.« »Ich könnte früher kommen.« »Nein, wir haben die vier Tage vereinbart. Nein, es ist fünf Uhr. Sie werden Ihren Zug verpassen –.« »Ich habe ein Taxi bestellt.« »Trotzdem, es ist fünf Uhr – Sie haben Ihre nächste Stunde...«
Stunde? Er nannte unsere Treffen, unsere Plaudereien Teestunden. Er kommt drei- oder viermal die Woche. Er hat jetzt in Zürich eine eigene Wohnung, wo er seine Analysanden und Patienten empfängt. Vorletzten Sommer ging ich einige Male hin, aber es »passierte« nichts. Erwartete er, erwartete ich, daß etwas »passierte«?

Die Jahre waren unwichtig. Er mochte meine leichten Sommerkleider. Ezra war kein bewußtes Liebes-Symbol. Aber vielleicht lauerte er da, versteckte sich da unter den Jahren. Indem Erich mich jung und glücklich machte, lockte er Ezra hervor.

Wir hockten zusammen in einem Lehnstuhl, als mein Vater uns fand. Ich war »weg«. Ich war nicht da. Ich löste mich. Ich stand auf; Ezra stand neben mir. Angeblich taumelten wir, zitternd. Aber ich glaube es nicht. »Mr. Pound, ich sage nicht, daß irgend etwas falsch war...« Mr. Pound, alles war falsch. Sie werden ein Satyr, ein Luchs, und das Mädchen in Ihren Armen (Dryade nennen Sie sie) ist trotz all ihrer fragilen, noch nicht verlorenen Jungfräulichkeit *Maenad, bassarid*. Gott bewahre uns vor *Canto LXXIX,* einem der *Pisaner Cantos*.

Warum, Mr. Pound, haben Sie mit Ihrer Magie, Ihrem »Zauberbann von alter Gottheit«, die Metamorphose nicht vollendet? Tapp, tapp, tapp..., komm her, mein Luchs. Laß uns hier weggehen. Du erstickst, und ich bin hungrig. Du sprachst irgendwo von Trauben – du warst am Verhungern.

15. März
»Was empfanden Sie, als dieser – dieser Walter Ihnen das erzählte?« »Sehen Sie – ich kann es unmöglich sagen. Es war trostlos, ein Abgrund tat

sich auf –.« »Aber Sie sagten, Sie hätten dieses amerikanische Mädchen geliebt, diese Frances – und Sie waren mit Richard zusammen –.« »Ich weiß nicht, was ich empfand. Ich hatte Walter vor Jahren in Amerika kennengelernt, im Sommerhaus der Pounds. Ezra war aus Europa zurückgekehrt. Er lud Frances und mich in dieses Haus ein, damit wir Walter spielen hörten. Ezra hatte einen Flügel aus Philadelphia kommen lassen. »Ach«, sagte Ezra, »sie sagten ›*Walter Rummel*‹, und alles ging wie von selbst.« »Ein Konzertpianist?« »Ja.« »Ein Amerikaner?« »Sein Großvater war der Morsealphabet-Morse. Er hieß Walter Morse Rummel. Sein Vater war Deutscher. Mrs. Shakespear war einmal sehr von ihm angetan. Richard und ich haben ihn in Paris sehr oft gesehen.« »Waren Sie damals verheiratet?« »Nein.«

»Sie meinen, Ezra erzählte den Leuten, daß Sie mit ihm verlobt gewesen waren?« »Ich weiß nicht – Walter sagte jedoch: ›Ich denke, ich sollte es dir sagen, obwohl ich Mrs. Shakespear versprach, es nicht zu tun – sag es ihr nicht und auch sonst niemandem. Aber es gibt eine Abmachung. Ezra soll Dorothy Shakespear heiraten. Er sollte anderen Leuten nicht erzählen oder durchblicken lassen, daß er – daß du –‹.« »Haben Sie mit Ezra darüber gesprochen?« »Nein.«

»Was sagte er genau zu den Leuten?« »Ach – ich weiß nicht...« Sich treiben lassen. Sich treiben lassen. Ihn allein oder mit anderen im Café des

Museums treffen. Wir lasen alle im Lesesaal des British Museum. Dunkle Wände und schmutzig aussehende Statuen. Frances war heimgefahren. Ich konnte warten, bis meine Eltern kamen. Mein Vater hatte sich mit 70 von der Universität zurückgezogen. Meine Mutter schrieb: »Wir könnten uns in Genua treffen.« Ich hatte jetzt mein eigenes Geld. Sich treiben lassen? »Aber Dryade«, (im Museumscafé) »das ist Dichtung.« Er strich mit einem Bleistift darin herum. »Laß das weg, kürze diese Zeile. *Hermes of the Ways* ist ein guter Titel. Ich werde das Harriet Monroe von *Poetry* schicken. Hast du eine Abschrift? Ja? Dann können wir das schicken, oder ich tippe es zu Hause ab. Reicht das?« Und er kritzelte *H. D. Imagiste* unten auf die Seite.

Ich verbarg etwas. Da war die heroische Folge, jene letzten Jahre in London. »Was verbergen Sie?« insistierte Erich Heydt. Ich verbarg mich und Ezra, wie wir vor meinem Vater standen, in flagranti ertappt, *in the very act,* könnte man sagen. Denn kein »Akt« danach, wiewohl biologisch vollzogen, hatte mehr die Bedeutung der ersten *demi-vierge* Umarmungen. Die Bedeutung der »ersten Liebe« kann gar nicht überschätzt werden. Wenn die »erste Liebe« ein ungleichartiges Wesen ist, Engel–Teufel – oder Engel–Dämon oder Daimon, Séraphîtus–Séraphîta – was dann? Eine gleichartige Konvention finden, einen Mann–Helden, der das Bild ausgleicht, vervollständigt. Durch welches Wunder wird die *mariage du ciel et de la terre,* die Hochzeit von

Himmel und Erde, vollzogen? Das erfüllte zehn
Jahre lang meine Phantasien und Träume, meine
Prosa und meine Lyrik. Aber am Ende muß die
intellektuelle und körperliche Vollendung, der
Lorbeerkranz des gerühmten Werks durch das
Nichtvorhersagbare, erst Begonnene gemäßigt,
ausgeglichen, neu durchlebt, neu fokussiert oder
sogar getragen, von einem Mythos, einer Legende
herausgefordert werden – der Dichter (sagen wir
einmal Vidal), in Wolf oder Panther verwandelt,
muß erjagt und gefangen werden.

> *There is a stir of dust from old leaves*
> *Will you trade roses for acorns . . .*

Ein Staubflirren von altem Laub
Tauschst du Rosen für Eicheln ein?

16. März
»Leben Sie wohl, Dave, Sie kommen doch am
Weihnachtstag herüber, nicht wahr?« Dieses *Weekend with Ezra Pound* von Rattray scheint mir die
erste menschliche persönliche Darstellung Ezras zu
sein, die ich gelesen habe. Ich hatte zwar die Verbindung verloren, ich »verbarg« etwas, aber ich
hatte Zeitungen und Zeitschriften, die sich über die
Jahre bei mir angehäuft hatten. Das Deutsche war
zu schwierig, doch ich spürte, daß sie interessiert
waren – aber war das ein politischer Schachzug? Ich

fragte einen jungen Deutschen, den ich traf, als Erich Heydt seine Wohnung hier im Haus *Geduld* hatte. Der Junge sagte: »Nein – wir lesen ihn in Ost- und Westdeutschland um seiner selbst willen.« Ich war dennoch nicht zufrieden.

Erich sagte: »Ich war enttäuscht, daß Ezra Ratt nicht Ihre Adresse gab.« »Nennen Sie ihn nicht Ratt – aber vielleicht bedeutet Ratt in Ihrer Sprache nicht Ratte.« »Das ist leichter als *Ratt*-ray – *doch, doch* – er gab ihm jedenfalls Richards Namen, obwohl er sagte, er solle sich lieber nicht auf E. P. berufen: ›Da machen Sie besser auf *jeune homme modeste*.‹ Warum erwähnt er Sie nicht?« »Er muß wissen, daß ich nicht viele Leute sehe –.« »Aber es heißt, Ratt-ray sei in Europa, als Fulbright-Stipendiat in Frankreich. Er könnte nach Zürich kommen. Oder haben Sie Angst, er könnte sich lustig machen über Sie? Über uns? Was dachten sie, das Mädchen mit dem Doppelkinn, dem Kinneskinn, das Skizzen machte, und der Junge mit den groben Zügen und der mit dem glitschigen, wie aus Seife modellierten Gesicht?« »Sie können den Artikel offenbar auswendig.« »Werden diese Besucher nicht gekränkt sein? Das Mädchen zum Beispiel – er schreibt, als er sie zum erstenmal sah, hätte er gedacht, sie sei eine Patientin von einer anderen Station.«

Ich höre gerade *Solveigs Lied* im Radio und werde daran erinnert, wie Ezra mich in Philadelphia zu Richard Mansfields *Peer Gynt* mitnahm. Solveig – Penelope – spinnend, webend. Ich konnte mich nicht erinnern, wie die Geschichte endete. Ich erinnerte mich an den Knopfgießer und Peers Flucht. Er löste sich nicht wieder in einem unerkennbaren Nichts auf. Er blieb ein Wesen, er ist erkennbar. Verrückt? Er war immer exzentrisch. »Ach, Ezra Pound ist verrückt«, war das Verdikt meiner Schulkameradinnen. »Er wollte, daß sie ihn in den Teich werfen.« So machte die Geschichte von Anfang an die Runde, aber ich hatte sie vergessen, bis sie nach dem Zwischenfall, der ihn seine Stelle gekostet hatte, wieder auftauchte. Spinnend? Webend? Dann erinnerte ich mich an den Schluß des Stückes, eine betagte Solveig mit weißer Perücke, ein hinfälliger Peer Gynt mit weißer Perücke treffen sich unter der Tür von Solveigs alter Hütte am Rande eines malerischen Pappwaldes. Nein, das ist etwas anderes.

Dr. Erich Heydt injizierte mir Ezra, als er mir die Nadel in den Arm stach: »Sie kennen Ezra Pound, nicht wahr?« Das war vor etwa fünf Jahren. Der Virus oder Antivirus brauchte lange, um sich bemerkbar zu machen. Aber die subkutane Spritze tat ihre Wirkung oder nicht? Da war ein unberechenbares Element. Da war etwas. Zu sagen, in Heydts Atelierwohnung sei nichts »passiert«, heißt, es sehr plump auszudrücken. »Müde? Ruhen Sie sich auf der Couch aus –.« »Nein.« Der bloße Gedanke an Couch und Weichheit brachte eine Wolke, nicht eine Woge von Erinnerungen mit sich. »Warum erzählen Sie mir nichts?« »Ich erzähle doch immer.« »Ja – aber Sie verbergen etwas.«

»Was ist es? Was ist es?« Wir liefen, um den Zug zu erreichen. »Was macht es denn schon, wenn Sie ihn verpassen – Sie können den nächsten nehmen –.« Ich war plötzlich stehengeblieben, an eine Mauer gelehnt, und winkte, als wollte ich ein Taxi rufen. Er ergriff mein Handgelenk: »Wir haben viel Zeit. Sie sind hysterisch. Etwas hat Sie aufgeregt –.« »Es erinnert mich daran, wie ich eine Straße hinuntergelaufen bin – in einer Stadt – Philadelphia –.« »Sie haben etwas, aber Sie wollen es mir nicht sagen –.« »Ich kann es Ihnen nicht sagen. Ich weiß nicht, was es ist.« Man macht uns – gerade noch – Platz am Ende einer dichtbesetzten Bahnhofsbank. Er nahm meine Hände in seine. »Müssen Sie meine Hände so halten?« »Ja.« Um uns herum viele Menschen. »Da ist sicher jemand aus Küsnacht – und erzählt dann, daß Doktor Heydt und Madame A. aneinandergedrängt auf einer Bank saßen.« Nein. Da war niemand von irgendwo, wir waren eingeschlossen in einer anderen Dimension. Ein kleiner Junge mit kurzen rotgoldenen Locken stöberte im Einkaufskorb der Frau neben uns. Woher kam er? Wie kam er hierher? Es ist nur ein Augenblick. Der unvermeidliche Begleiter taucht auf, schiebt sich durch die Menge. Vater? Wächter? Er ist groß und hager. Ich kann es nicht durchschauen. Er ist nicht da, oder ich bin nicht da, aber der Einkaufskorb ist völlig real und auch die typische *Hausfrau* neben uns auf der Bahnhofsbank. »Es tut mir leid, daß ich gesagt habe, Sie seien hysterisch. Ich war nur beunruhigt.« Der Zug ratterte näher. »Sollten Sie zurückkehren?« »Nein.« Aber ich drängte mit der Menge vorwärts. »Morgen?« ruft er zum offenen Fenster des fahrenden Zuges hinauf.

17. März
Erich fragte mich, ob meine Eltern seine Eltern mochten. »Sie haben sich nur ein paarmal gesehen, aber ja – ja«, sagte ich, »auf rein konventionelle Weise.« Mrs. Pound war eine schöne Frau, wohlerzogen, etwas affektiert in ihrer Art. Man ließ sich leicht von ihren kleinen Scherzen, ihren schlagfertigen Bemerkungen verwirren, in Verlegenheit bringen, wie auch so oft von Ezras. Mr. Pound war herzlich, zwanglos, sehr nett. Er war staatlicher Münzprüfer an der Philadelphia Mint. Er lud eine Gruppe von uns ein, das innere Heiligtum zu besichtigen. Er zeigte uns winzige Waagen und Maße, erklärte oberflächlich die Analyse des Goldes – »*dort*«, und er schloß eine schwere Tür auf – es schien eher die Tür zu einem eisenbeschlagenen Schrank als ein Safe zu sein; jedenfalls waren da Stapel von Goldbarren – »*hier*«, und in ordentlichen Reihen waren Münzen aufgeschichtet, »bedient euch«, sagte er vergnügt in sich hinein lachend.
Hat irgend jemand das je aufgeschrieben, berichtet

oder auch nur gewußt? Mir scheint, Homer Pounds Beamtenposten in Philadelphia spielte in Ezras späteren Zwangsvorstellungen eine außerordentliche Rolle. Wucher? *Usura.* Ezra war offenbar von diesem Wort besessen. Ich konnte diesen Anspielungen in den *Cantos* nur schwer folgen. Ich meine nicht, daß Ezra das Gold für sich wollte. Er wollte damit die Welt verändern. Kann man die Welt damit verändern?

> *Gold on her head, and gold on her feet,*
> *And gold where the hems of her kirtle meet,*
> *And a golden girdle round my sweet;*
>   *Ah! qu'elle est belle, La Marguerite.*

Golden ihr Haupt und golden ihre Füße, / Und Gold, wo die Säume ihres Rockes sich berühren, / Und ein goldener Gürtel rund um meine Süße; / *Ah! qu'elle est belle, La Marguerite.*

Er las mir William Morris vor in einem Garten unter blühenden – ja, sie müssen geblüht haben – Apfelbäumen.

18. März
Ezra machte mich mit William Morris erst richtig bekannt. Er brüllte *The Gillyflower of Gold* buchstäblich dem Obstgarten zu. Wie ging es? *Hah! hah! la belle jaune giroflée.* Und da war noch *Two Red Roses across the Moon* und *The Defense of Guenevere.*

In dieser Zeit brachte er mir *Séraphîta* und einen
Band von Swedenborg – *Heaven and Hell?* Oder ist
das Blake? Er brachte mir stapelweise Bücher von
Ibsen und Bernard Shaw. Er brachte mir Whistlers
Ten O'Clock. Nach dem Muster von Whistlers
Schmetterling kritzelte er zu jener Zeit eine Fliege
als eine Art Signatur in seine Bücher. Er war eine
Mischung aus James McNeill Whistler, Peer Gynt
und den siegreichen und geschlagenen Helden der
Gedichte und Erzählungen von William Morris. Er
las mir mit leidenschaftlicher Erregung *The Hay-
stack in the Floods* vor.

Er brachte mir den Nachdruck der Isolde- und
Tristan-Geschichte von Thomas Mosher, Portland, Maine. Er nannte mich Is-hilda und schrieb
jeden Tag ein Sonett; er heftete sie in eine Mappe
aus Pergament. Da war auch eine Reihe von Yogi-
Büchern.

Die Fliegen-Hieroglyphe war durch ein Buch mit
diesem Titel angeregt worden. Ich weiß nicht, wer
The Gadfly geschrieben hat. Es war ein Roman über
italienische Patrioten oder Partisanen, wie wir sie
jetzt nennen, oder irgendein *Risorgimento*-Ereignis.
Das Wort *zany,* Hanswurst, kam auf. Ich hatte es
nie zuvor gehört. Der Held gerät unter fahrende
Schauspieler – oder war es ein Jahrmarkt oder
Zirkus? Ich kann mich nicht erinnern. Verkleidung? Flucht? Er ist ein bitterer, tragischer Held,
dieser *Gadfly*. Nimmt die Geschichte die letzten
Episoden und die Pisaner Legende vorweg?

Joan kam gerade wegen der Briefe; zu meiner Überraschung erinnert sie sich an *The Gadfly* – »Meine Mutter hatte es lange vor meiner Zeit.« In meiner *Reader's Encyclopedia* fand sie die Autorin: Ethel Voynich. Sie erinnert sich nicht an einen Zirkus oder Jahrmarkt, aber sie hat denselben Eindruck wie ich von einer düsteren, verwickelten, politischen Tragödie.

Eva Hesses Nachwort in der deutsch-englischen Ausgabe *Ezra Pound, Dichtung und Prosa* entnehme ich, daß der Schauplatz von »diesem Mädchen, das er gefunden hat«, von dem Erich sprach, das Wabash College in Indiana war. »Waren Sie eifersüchtig auf dieses Mädchen, das er gefunden hatte und das in seinem Bett schlief?« Ezra war nur vier Monate dort. Aber ich muß sehr viele Briefe an das Wabash College, Crawfordsville, Indiana, geschrieben haben. Ich habe es mit dem Hamilton College in Clinton, New York, verwechselt, wo er zwei Jahre Student war. Ist das wichtig?

Es hilft vielleicht, die *Wolke* von Erinnerungen zu klären. Der emotionale Gehalt ist von Bedeutung. Ich schrieb: »Die Vollkommenheit des leidenschaftlichen Augenblicks kann nicht andauern – oder doch?« Erich sagt von sich, er sei der Spiegel, das Brennglas, das »alles Licht einfängt«. Ja, er rückt die Situation *ins rechte Licht,* aber ich kann ihm nicht erklären, wie schwer es mir manchmal fällt, die Erinnerung an den »leidenschaftlichen Augenblick« zu bewahren.

Vielleicht fängt ihn Erich im *Spiegel* – aber er muß ihn nur reflektieren. Ich muß ihn Gestalt werden lassen.

19. März
Ich gehe auf Wolken, obwohl ich wegen eines bedauerlichen Knochenbruchs eigentlich kaum gehen kann. Vor über einem Jahr rutschte ich auf einem kleinen Teppich auf einem übermäßig gewachsten und gebohnerten Boden aus. Ezra schrieb: »*'ow did you 'appen to step on that thar soap*«, »Wie bist Du nur auf diese Seife da getreten« oder etwas in dieser Art. Er schrieb mir ständig, drängte mich, ein paar griechische Übersetzungen zu machen. Ich fand seine Briefe fast unentzifferbar oder unübersetzbar – und das machte mich und auch Richard Aldington, dem er in jener Zeit schrieb, sehr traurig. Aber der »wirkliche« Ezra offenbarte sich nur im Lesen und Wiederlesen des *Weekend*. Und jetzt hat Joan hinter anderen Büchern in meinem Schrank eine *Geheimecke* mit seinen Büchern entdeckt. So finden wir nun in der H. D.- und Imagisten-Abteilung die Originalausgabe von *Dichtung und Prosa* mit Bleistiftnotizen von Erich Heydt von 1954.

Der ursprüngliche Bestand an den frühen Büchern muß noch in London oder bei meiner Freundin Bryher im Waadtland sein, aber hier gibt es eine ansehnliche Auswahl; ein dicker Band *Cantos, Rock Drill*, amerikanische und englische Ausgaben des

Confucius, der *Frauen von Trachis* und mehrere schöne kleine englisch-italienische Bücher von Pesce d'Oro, Mailand, die mir Mary de Rachewiltz geschickt hat.

»Warum sind Sie so aufgeregt, wenn Sie mir diese Aufzeichnungen vorlesen?« sagte Erich heute nachmittag. »Ich weiß es nicht – ich weiß es nicht – es ist der *leidenschaftliche Augenblick,* aber es ist alles so lange her.« »Er ist zeitlos«, sagte Erich, »der Augenblick ist existentiell.« (Ein Wort, mit dem ich nie zurechtkomme.) »Er ist zeitlos, ewig.«

21. März
Ich war verblüfft, verwirrt, durcheinander. Im *Weekend* entdecke ich Hinweise auf gewisse Lücken oder Blackouts im Zusammenhang mit den *Cantos.* Dem muß ich nachgehen. Es ist schwierig, einzelne Abschnitte anzuschauen, ohne ins Ganze verstrickt zu werden. Bald nachdem ich in der Holland-Place-Wohnung der Pounds in Kensington, direkt gegenüber unserer eigenen Wohnung, einige dieser ursprünglichen oder frühen *Canto*-Variationen gesehen hatte, zogen wir um. Blackout. Nur die Erinnerung an eine Aufregung beim Anblick der Zeilen, der Wörter auf den frisch gedruckten Seiten, die Ezra uns zeigte. Mrs. Shakespears Bruder sagte: »Warum muß er über Dinge schreiben, die wir alle jeden Tag tun und über die wir nicht reden.«
Chthonische Dunkelheit – Blackout. Ich behaupte

nicht, alles zu verstehen. Getrennt sind wir zusammen durch eine Hölle gegangen.

22. März
Bin ich denn verrückt oder er? Ich konnte die Frage nicht beantworten, gab aber Dr. Heydt den Brief zu lesen. Das war am Anfang, als ich Erich Heydt noch nicht so gut kannte. Er lachte über den Brief: »Was meint er damit, wenn er zu Ihnen sagt, Sie sollten aus Ihrem Schweinestall kriechen?« Ich wußte nicht, was Ezra damit meinte. Ich weiß es jetzt noch nicht. Ich las heute in *Motive and Method* über die verschiedenen Anspielungen auf Circe in den *Cantos*. Ich will sie einmal nachschlagen.

23. März
Peire Vidal, der Troubadour, den ich erwähnt habe, »trug der Lady Loba de Peugnautier (deren Name Wolf bedeutet) zuliebe Wolfsfelle...« Ich zitiere Schwester M. Bernetta Quinn, O. S. F., nach ihrem Beitrag in *Motive and Method,* einer Sammlung von Essays über die *Cantos*. Schwester Bernetta bezeichnet diesen Wahnsinn als »Lykanthropie«. Ich folge ihrer Darstellung, *The Metamorphoses of Ezra Pound,* mit Bewunderung und Achtung. Ich selbst habe mich bis jetzt von der Legende zu stark betroffen gefühlt, um gerecht zu urteilen oder vielmehr klar zu sehen.

Ich sehe, aber vielleicht nicht klar, daß der Dichter sich die Attribute des berühmten Gründers von Rom – oder vielmehr des legendären Wolfs (Lupus oder Lupa), der diesen Gründer befreite und rettete – zu eigen macht. Ist unser Parder oder Panther eher ein Retter, ein Liebender als ein Outlaw, ein Bilderstürmer? War es die Liebe zur unvergleichlichen »Lady Loba«, die ihn zu Radio Rom lockte und am Ende sein Verderben war? Ja und nein. Er ist bei weitem nicht verloren. Er ist im Zentrum und erreichbar. Tausend *Ameisen,* ein ganzer Ameisenhügel von Provinzcolleges, haben eine merkwürdige Befruchtung erfahren. Ist das in der Geschichte Amerikas oder sonstwo je vorgekommen?
Lykanthropie, eine Art Wahnsinn, wobei der Patient sich einbildet, ein Wolf zu sein; Lykanthrop, ein Wolfsmensch; Wolf, griechisch *lykos* – lese ich in meinem Chambers Wörterbuch. Das Wort *lykos* erinnert als Wort an *Lynx,* den Luchs, der in dem berühmten Abschnitt des *Pisaner Canto LXXIX* so eindringlich beschworen wird.

24. März
Dann Frobenius; ein weiteres Rätsel wird in *Motive and Method* teilweise gelöst, in dem Essay *Pound and Frobenius* von Guy Davenport. Ezra schrieb mir ständig, ich solle den Frobenius besorgen. Das war zu der Zeit, als ich in Lausanne war, bald nachdem Ezra in St. Elizabeth's eingewiesen worden war.

Keine Buchhandlung hatte Frobenius, und sie schienen noch nie etwas von ihm gehört zu haben. Ich stellte mir Frobenius als Schweden vor, als Mystiker, weil ich ihn vielleicht unbewußt mit Swedenborg und den ersten Büchern, die Ezra mir gab, in Verbindung brachte. Nach einigen Briefen zwischen uns stellte sich heraus, daß ich den Frobenius für mich selbst besorgen sollte, nicht um ihn ihm zu schicken, wie ich zuerst gedacht hatte. Jetzt erfahre ich, daß Frobenius eine Art *Kultur*archäologe war und daß Ezra ihn einmal zu einer Art Odysseus-Pound-Alter-Ego gemacht hatte. Frobenius hatte eine Verbindung zu Frankfurt, aber eine »unglaublich obskure«, um die Wendung des Autors dieses Essays zu gebrauchen. Ezra Pound und Carl Jung, erklärt der Autor, waren die größten Bewunderer von Frobenius' Arbeit über primitive Kulturen.

Sonderbarerweise finden wir dann noch einen Anhaltspunkt für Ezras geteilte Loyalität. Wenn Italien die *Lady Loba,* das Lupa-Mutter-Symbol, ist, ist dann nicht Deutschland durch Frobenius (den Odysseus von Ezras Phantasie) der übermächtige Vater? Wir brauchen unsere Leser, falls wir je welche haben, sicher nicht daran zu erinnern, daß sein Vater Homer hieß.

Über diese Anhaltspunkte, die ich persönlich so faszinierend finde, spotten die Superintellektuellen. Ich brachte mühsam ein paar Aufzeichnungen in dieser *naiven* Art zustande, nachdem ich immer wieder gedrängt worden war, dem »Maestro« zum

Geburtstag (zum 65.?) einen Tribut zu zollen. Der kurze Artikel wurde für »ungeeignet« gehalten, mir aber nicht einmal zurückgeschickt. Er wurde (für wie viele Silberlinge wohl) an eine amerikanische Universität verkauft.

25. März
Da ist die Geschichte mit dem *Hilda Book*. Ich erfuhr, es stünde zum Verkauf oder sei verkauft worden. Ist es eine Fälschung oder sind es die *Is-hilda*-Gedichte, die Ezra in einer Mappe aus Pergament zusammenheftete und mir gab? Erich war empört wegen des Artikels. »Hatten Sie keine Kopie? Aber ich dachte, Sie machten immer Kopien. Das ist doch Diebstahl, ein Verbrechen. Können Sie nicht einen Anwalt damit beauftragen? Warum taten Sie es damals nicht – und das *Hilda Book* –«, von dem ich ihm gerade erzählt hatte.
Ich erklärte Erich, daß ich damals in Lausanne und Lugano mit meiner Prosa und Lyrik beschäftigt war, die von den dramatischen Kriegsjahren in London handelte oder direkt oder indirekt davon beeinflußt war. Ich war verärgert, zweifellos emotional getroffen von dem Gedanken an das *Hilda Book*, denn die einzige Spur einer Aneignung, die ich mir vorstellen konnte, führte zu Frances, von der ich schon erzählt habe. Sie ist mit ihrer Mutter und ihrer Tochter im Plymouth Blitz, beim Luftangriff, umgekommen. Ein Freund von ihr hatte mir

davon geschrieben und von einigen seiner eigenen Bücher, die gefunden worden waren. Aber ich wußte, daß Andrew [Gibson] der erste gewesen wäre, der mir von diesem Buch erzählt hätte, das ich möglicherweise vor langer Zeit, nach meiner Trennung von Ezra, Frances gegeben habe.

26. März
»War Andrew ihr Mann?« fragte Erich mich heute nachmittag, als ich ihm diese letzte Eintragung vorlas. »Nein, nein, nein – Louis war schon vor Jahren verschwunden. Andrew war der Pate ihres Sohnes Oliver.« »Wo war Oliver?« »Er war angeblich bei der Navy, aber Andrew konnte ihn nicht ausfindig machen, und ich schrieb, hörte aber nie etwas. Andrew sagte, er glaube, daß Oliver von seinem Schiff verschwunden sei, aber vielleicht ist er doch wieder aufgekreuzt, vielleicht fand er das *Hilda Book* unter den Relikten – buchstäblich Reliquien – seiner Mutter.« »Wie seltsam das ist, wie Sie Ihre Fäden hin und her spinnen, sie halten Europa und Amerika zusammen.«
»Genau das versuchten – das tun Ezras *Cantos*. Ich muß ein schönes *Canto*-Bild für Sie finden – «, und ich fand es und las: *San Cristoforo provided transport / with a little Christo gripping his hair.* San Cristoforo diente dem Transport / ein kleiner Christo packt ihn am Haar. Und das – und ich fing an, aus *Rock-Drill* vorzulesen, legte das Buch aber beiseite. »Ich

habe heute morgen zu viel gelesen. Ich habe erst neulich den Versuch gewagt, die *Cantos* durchzulesen. Aber gerade, bevor Sie kamen, als ich mich benommen und wirr fühlte, fielen mir ein paar meiner eigenen Zeilen ein und bannten gewissermaßen den Geist. Ich hatte mich in eine andere Richtung, in einer anderen Dimension entwickelt – am Ende konnten sich nur Gegensätze treffen. Wie komisch, ich erinnere mich, wie er in London zu mir sagte, ... ›Wir wollen uns verloben – erzähl es nicht...‹, wer immer es war, Dorothy jedenfalls nicht damals.« »Sie waren also an dritter Stelle?« »Nein – an erster –.« »Und er kam zu Ihnen in die Klinik, sagten Sie, und wollte, daß Sie ein Kind von ihm bekommen –.« »Wollte, daß das Kind, das ich gerade bekam, seines wäre, seines gewesen wäre: ›Meine einzige wirkliche Kritik ist, daß es nicht mein Kind ist.‹«

27. März

Heute nachmittag las ich Erich laut *Canto 90* vor, lateinisch, griechisch, italienisch und alles übrige. Las ich wirklich alles? Wahrscheinlich nur einen Abschnitt. Ich bekomme neue Macht über das Material, die Anrufung *m'elevasti* beschwört tatsächlich, ruft einen empor »aus der Schutthalde« der täglichen Sorgen und Schrecken.

Ich habe ein wirbelndes Kaleidoskop gesehen oder versucht zu sehen. *Ubi Amor ibi oculus est.* Der Gedanke an Ezra war Teil der »Schutthalde«, meiner eigentlichen Kriegserfahrungen. Ich konnte auch nicht den komplizierten Zusammenhängen der gerichtlichen Anklage folgen. Mein Auge, das zu schnell den unregelmäßigen Zeilen der schwierigen Seiten folgte, war immer noch Teil meines intellektuellen Rüstzeugs. Ich weigerte mich, mich täuschen zu lassen, ich mußte klar sehen. Ich konnte nicht klar *sehen,* aber ich konnte klar *hören,* als ich las: *m'elevasti / out of Erebus,* »m'elevasti / aus dem tiefen Grunde des Erebus«. Endlich konnte ich das Berauschtsein von *Kuthera sempiterna* und die Heilung von *myrrh and olibanum on the altar stone / giving perfume,* Myrrhe und Olibanum auf dem Altarstein / schwängern die Luft, akzeptieren.

30. März, Palmsonntag
Le Paradis n'est pas artificiel
                     but is jagged,
For a flash,
     for an hour.
Then agony,
       then an hour,
             then agony, . . .

Le Paradis n'est pas artificiel / aber brüchig, / lichthell / für eine Stunde. / Dann Todesqual, / dann eine Stunde / dann Todesqual...

Dorothy Shakespear, Dorothy Pound, berichtet uns der *Weekend*-Artikel, sitzt in einer Ecke, »ihrer

Ecke«, versteckt und will weder sehen noch gesehen werden. Gestern bekam ich einen Brief von ihr, den ersten seit vielen Jahren. Ich suche sie immer wieder in den *Canto*-Folgen, in *Rock-Drill*. Sie ist für mich *Leukothea,* die im letzten Teil mit dem schiffbrüchigen Odysseus *Mitleid hatte.* Sie ist *leukos, Leucothea / white foam, a sea-gull,* weiße Meergischt, eine Möwe.

In *Weekend* macht Miss Martinelli Skizzen von D. P., wie Dorothy in ihrem Brief selbst unterschrieben hat. Von Miss Martinelli wird berichtet, sie habe gesagt: »Ich finde, sie hat ein schönes Profil, aber es ist so schwer...« Es ist wirklich schwer. Wir erfahren nicht genug von D. P. und ihrem Heldenmut, obwohl ich sie mir in diesem besonderen Fall nicht als Penelope vorstelle, sondern eher als diesen *mortal once / Who now is a sea-god,* einst sterblich / nun eine Meergöttin.

31. März

Heute nachmittag, als ich Erich nach der genauen Bedeutung des Wortes *indicted,* angeklagt, frage, wie es in *Poetry* vom Dezember 1957 in einem Leserbrief zu Ezra verwendet wird, sagt er wieder: »Warum regen Sie sich denn so auf?« Ich erklärte, daß ich in der *Reader's Encyclopedia* von [William Rose] Benét gelesen hätte, daß Ezra verhaftet und wegen Hochverrats vor Gericht gestellt (1945), aber als »geistesgestört beurteilt« worden sei. Erich meinte, *indicted* bezöge sich bloß auf die formelle Anklage. Ich weiß nicht.

»Auf jeden Fall«, sage ich zu Erich, »ist es gut, aufgeregt zu sein, das zu spüren.«

Meine Geschichte, wie ich sie im Zweiten Weltkrieg in London durchlebte, hätte gut die von Dorothy Shakespear sein können; ihre Geschichte hätte nicht meine sein können, wird aber im Rückblick zur meinen. Die beiden Männer, einander diametral entgegengesetzt, heben sich voneinander ab, das Londoner Pendant zu meiner lebenslangen Isis-Suche und der Odysseus-Pound, der in den *Pisaner Cantos* hinab ins Reich der Schatten gestiegen ist. Nein. Es gibt keine Ähnlichkeit. Aber ich vollendete meine eigenen *cantos,* wie Norman sie nannte, wieder im griechischen Szenarium; meiner ist *Helen and Achilles.* Da gibt es eine Ähnlichkeit, die beiden Männer treffen sich im Krieg, im Trojanischen Krieg, der Achilles aus meiner Phantasie und Vorstellung und der Odysseus aus Ezras. Im Leben treffen sie sich nicht, können sie sich nicht treffen. Aber die beiden Frauen, die Helena (aus meiner schöpferischen Rekonstruktion) und die Penelope (eine menschliche Wirklichkeit) können kommunizieren.

1. April
Erich stellt mein Zitat aus dem Benét zur Diskussion und schlägt in *Dichtung und Prosa* nach, wo Eva

Hesse schreibt, daß Ezras Zustand als *frühzeitige Senilität* infolge der im Pisaner Lager erlittenen Behandlung diagnostiziert wurde. Ich bezweifle die Senilität, und Erich erklärt, daß es eigentlich ein psychologischer Begriff sei, der manchmal verwendet wird, da er in gewisser Weise weniger diskriminierend oder entwürdigend ist als Paranoia oder einer der anderen Fachausdrücke für Wahnsinn oder Geistesgestörtheit.

Es ist schmerzlich, das zu diskutieren, aber ich habe das Gefühl, daß eine fast algebraische Formel notwendig ist. Ich kann nicht sagen, daß einer von uns zufrieden wäre mit der Gleichung Faschistische-Parteilinie-über-Kurzwelle-nach-Amerika + Dichter = *Senilität*. Es gibt, wie ich bei meinem *Lady Loba-* oder Lupa-Fund selbst spürte, den Hinweis auf das *crime passionnel,* über das (wie der zweite Brief an *Poetry* in derselben Dezembernummer erklärt) »›kein Gericht‹, wie es so schön heißt, ›das Urteil sprechen wird.‹«

Die beiden Briefe sind sehr aufschlußreich: »Ein Meinungsaustausch über Ezra Pound.« Der zweite, von Hugh Kenner, schließt mit einem Gebot an den »Literaturkritiker« und folglich jeden intelligenten Leser Ezra Pounds. Neben und zusammen mit dem rein legalen Aspekt sagt Mr. Kenner klipp und klar, daß jeder, der »sich mit dem Denken, der Dichtung und den Absichten vertraut gemacht hat, verpflichtet ist, so gut er kann, Zeugnis abzulegen«.

4. April, Karfreitag
Gestern bekam ich einen langen Brief von Norman Pearson. Er hatte sie beide gesehen. Erich ist für zehn Tage in die Osterferien nach Venedig gefahren. Ich sehne mich danach, meine Neuigkeiten mit ihm zu teilen, aber das muß warten. Bryher ist mit Sylvia Beach zu Ostern hier. Vielleicht kann ich mit ihnen reden, so wie ich am Anfang mit Bryher und George das *Weekend* diskutierte und zum erstenmal, wie ich schon sagte, über Ezra lachte, richtig lachte. Aber Erich hat eine andere, »existentialistische« (sein Wort) Dimension. Ich zittere neben ihm. Wir sitzen am Ende einer vollbesetzten Bahnhofsbank. Er hat meine Hände genommen. »Müssen Sie meine Hände halten?« »Ja.« In unser Bewußtsein und in unserem Bewußtsein, jedenfalls in meinem, ist ein kleines, zartes und doch kräftiges männliches Wesen. Das Kind faßt in den Einkaufskorb der Frau neben uns auf der Bank. Seine Locken sind kurz und rot und golden. Er ist der leibhaftige »leidenschaftliche Augenblick«.
Wie viele Brote und Fische sind da? Aber wir brauchen diese Menschenmenge nicht zu speisen, nicht mit Broten und Fischen. Hauptsächlich sind es Äpfel. *Pomona, Pomona. Christo Re, Dio Sole.*

5. April, Ostersamstag
»Aber«, sagte er, »meine einzige wirkliche Kritik ist, daß es nicht mein Kind ist.«

Dies ist das Kind, aber lange Zeit danach, von Erich Heydt in mein Bewußtsein geholt, Gestalt geworden, sichtbar geworden, an einem Sommertag auf dem überfüllten Bahnsteig des Bahnhofs Zürich-Stadelhofen.

Das Kind war dabei, als George Plank, Bryher und ich zum erstenmal das *Weekend* diskutierten und ich das erste Mal in den 12 Jahren seiner Internierung über Ezra lachte. Ich hörte seine Stimme: »Leben Sie wohl, Dave, Sie kommen doch am Weihnachtstag herüber, nicht wahr?« Es gibt keinen *Grund* zu akzeptieren, zu verzeihen, zu vergeben, zu vergessen, was Ezra getan hat. Sylvia [Beach] sagte es gestern abend klipp und klar. Und hier sollte ich meine Hoffnung, Ezra in Erinnerung zu rufen, aufgeben, wenn ich an Sylvias Haft in einem Internierungslager zu denken wage, an ihr Fast-Verhungern, die mageren Rationen, die ihre Freundin Adrienne Monnier mit ihr teilte, während sie sich verstecken mußte. Kann ich es wagen fortzufahren? Es gibt keinen *Grund,* auf seine Entlassung zu hoffen. »Er hat Bücher, alles; in Paris kommen Studenten zu mir und erzählen mir von ihm. *Faschist.* Diese schrecklichen Leute, die er kennt – dieser Mann –.« »Ja«, sagte ich, »ich weiß, mir wurden Zeitungsberichte geschickt, aber...« »Es gibt dort eine Gruppe. Er hat alles...« »Ich weiß.« »Es war ein großer Fehler, daß sie ihm diesen offiziellen Preis verliehen haben.« Ich sagte: »Aber...«

Ich sagte: »Aber.« Es gibt kein Argument pro oder contra. Man fängt Feuer oder man fängt kein Feuer. *This fruit has a fire within it,/ Pomona, Pomona/ No glass is clearer than are the globes of this flame/ what sea is clearer than the pomegranate body/ holding the flame?/ Pomona, Pomona.* Diese Frucht hat inwendig ein Feuer,/ Pomona, Pomona./ Kein Glas ist lichter als dies Flammenfleisch/ Kein Meer ist heller als die Fruchtdrusen/ des Granatapfels, der die Flamme birgt./ Pomona, Pomona.

7. April, Ostermontag
Am selben Tag, an dem ich diese letzte Eintragung mache, höre ich wieder von Norman Pearson: »Es scheint zunehmend möglich, daß der Tag der Freilassung endlich kommt.« Er schickt den Bericht aus der *New York Times* vom 2. April und einen kurzen Artikel vom 3. April; die *London Times* wird mir geschickt, und Joan fand eine Notiz in *Jours de France* vom 5. April: *Ezra Pound, le Mallarmé U. S. ne mourra pas chez les fous,* Ezra Pound, der amerikanische Mallarmé, wird nicht bei den Irren sterben. Unter meinen Osterbriefen ist auch einer von Mary de Rachewiltz von Schloß Brunnenburg, Tirol: »Es besteht einige Hoffnung, daß wir Vater bald bei uns haben werden.«

9. April

Mary bat mich, sie zu besuchen, als ich in Lugano war. Es gebe einen Bus, sagte sie, es sei nicht weit. Aber ich fuhr nie hin. Sie schickte mir Fotos von sich und den Kindern. Sie schaut aus einem Fenster des *Schlosses* oder der Burg wie ein Mädchen in einem Märchen oder *Sister Helen* aus einem Gedicht. Sie blickt hinaus auf die romantische Tiroler Landschaft, weit, weit. Ich wage kaum, an sie und an einen Abzug eines frühen Porträts von ihr zu denken, den Ezra mir geschickt hatte, mit ihrem goldgelben Haar, das ihr über die Schultern floß. Da ist auch Sigifredo, der zu einer Art della-Scala-Klopfer an einer großen Tür hinauflangt, mit einem Heiligenschein aus blondem Haar. Mary bittet mich wieder, sie zu besuchen, »besonders jetzt, da einige Hoffnung besteht, daß wir Vater bald bei uns haben werden«.

Ich warte mit derselben ängstlichen Furcht auf Briefe, wie ich vor fast 50 Jahren wartete, als Ezra endgültig nach Europa ging. Über die Jahre habe ich dieses Gefühl auf andere Leute, andere Briefe übertragen. Eine Art *rigor mortis* trieb mich vorwärts. Nein, meine Dichtung war nicht tot, aber sie war auf oder um den Krater eines erloschenen Vulkans gebaut. Nicht *rigor mortis*. Nein, nein! Der Wein wächst üppiger auf diesen vulkanischen Hängen. Ezra hätte mich und das Zentrum meiner Poesie, das sie »Luft und Kristall« nennen, zerstört.

Jetzt fiebere ich vor Furcht und Aufregung. Ich wurde durch Ezra von meinen Freunden, meiner Familie, sogar von Amerika getrennt. Das habe ich nicht analysiert. Als Frances in mein Leben trat, konnte ich darüber reden – allerdings auch nur oberflächlich. Aber ich las ihr ein paar Gedichte vor, die Ezra und ich geliebt hatten, hauptsächlich Swinburne. »Du liest so schön«, sagte Frances. Ich las Andrew Langs Theokrit-Übersetzung, die Ezra mir gebracht hatte. In einer Bion- und Moschus-Stimmung schrieb ich Frances ein Gedicht.

O hyacinth of the swamp-lands,
    Blue lily of the marshes,
How could I know,
    Being but a foolish shepherd,
        That you would laugh at me?

O Hyazinthe des Sumpflands,/ Blaue Lilie der Moore,/ Wie konnt ich wissen,/ Ich törichter Schäfer,/ Daß du mich verlachen würdest?

10. April
Vater. In der neuen Auswahl von Ezras Prosa, die Eva Hesse im Arche Verlag herausgegeben hat, ist ein Foto von Ezra, auf dem er mit Handschellen zwischen zwei Geheimpolizisten das Pisaner Lager verläßt. Da sind die Bilder aus den Jahren 1946–1948, die einem von den Buchumschlägen her ver-

traut sind, und das von 1955, wo er im Garten von
St. Elizabeth's im Liegestuhl liegt. Da ist das früheste Foto, das, wie sie hier behaupten (und auch in
dem kleinen Buch, das Mary mir schickte und das
bei Pesce d'Oro, Mailand, zum 70. Geburtstag
erschienen ist), in Venedig aufgenommen wurde in
der Zeit, als er sein erstes Buch veröffentlichte:
A Lume Spento, 1908. Ich bin sicher, daß dieses Bild
viel älter ist. Die Stimmung ist nicht venezianisch –
auch nicht der Stuhl. Dieser Ezra ist sogar noch
jünger als der, den ich zum erstenmal sah, als ich 15
war.

11. April
Er schüttelt sein rotblondes Haupt (weizenfarben,
habe ich geschrieben, und Ezra hat geschrieben: *a
sheaf of hair / Thick like a wheat swathe,* ein Strohwisch von Haaren / Wie ein Ährenschwad dick),
das jetzt grau geworden ist, sagen sie, und die
Ameisen, die er im Gras Platz nehmen ließ, schnappen gierig nach den ausgestreuten Körnern. Manche fielen auf den Straßenrand. Ganze Scheffel
befruchtender Schönheit fielen auf kargen Boden.
Viel Spreu ist unter dem Weizen. Wer kann den
Inhalt der umstrittenen *Cantos* sichten?

12. April

Norman Pearson kann es. Er schreibt mir: »Sie sind ein ambitioniertes Gedicht und ein großes Gedicht, und die Probleme, die er darstellt, sind (auch wenn ich mit den Lösungen nicht einverstanden bin) die Probleme unseres Zeitalters.«

Ich erwähnte die Provinz-Colleges, die eine merkwürdige Befruchtung erfahren haben. Aber die älteren Institute erkannten Ezra Pound schon vor Jahren an. Wir kennen seine treuen Befürworter Robert Frost, T. S. Eliot, Auden, Hemingway, und wir haben die Namen der mutigen Leute, die ihm 1949 für die *Pisaner Cantos* den wütend angefochtenen oder umstrittenen Bollingen Preis verliehen haben. Aber meine Verbindung ist Pearson und jener ergreifende Appell: »Sag Pearson, ich kann es nicht allein durchstehen.«

13. April

Pearson erwähnt das in einem seiner letzten Briefe als »seinen verzweifelten Appell«. Joan findet für mich eine Notiz im *Figaro Littéraire* vom 12. April: *Ezra Pound »ressuscité«?* Wenn Ezra erst einmal frei ist, werden wohl viele zu neuem Leben erweckt oder neu geboren werden. Wir scheinen, bewußt oder unbewußt, mit ihm verbunden gewesen zu sein, gebunden an ihn und sein Schicksal.

14. April
Warten – welche Nachrichten, welche Briefe, welche Zeitungsausschnitte? Ich glaube nicht, daß ich seine Briefe wirklich aufbewahren wollte. Da war ein dickes, ungeordnetes Bündel, viele waren auf Briefpapier geschrieben, das er auf einer Art Bildungsreise, zu der ihn eine reiche Tante oder alte Freundin der Familie mitgenommen hatte, in den Hotels vorfand. Da gab es ein Gruppenfoto, verkleidete Touristen, ein junger Ezra mit Fez. War das unter den Papieren? Es war, als schriebe er mir von jenen legendären romantischen Orten, Carcassonne, Mont St. Michel. Ich sehe die Abbildungen auf den Briefköpfen. Die Handschrift veränderte sich kaum, sie war wie immer ein Gekritzel oder verhältnismäßig säuberlich auf dem Blatt verteilt wie in dem *autografo* der *Venetian Night Litany* in der *Piccola Antologia,* die Mary mir schickte. Ich fragte nicht nach den Briefen, als ich meine Eltern in Genua traf – war es im Herbst 1912? Aber meine Mutter nahm mich beiseite: »Ich denke, du wirst erleichtert sein zu hören, daß dein Vater die alten Briefe verbrannt hat...«
Erich war sehr schockiert. Vielleicht war ich es auch, aber dieser Schock schlummert wie die anderen Poundiana.

Erich mochte mein Fruchtbarkeitssymbol, wie er es nannte, den Kopf, das rotblonde, weizenfarbene (jetzt graugewordene) Haar, Körner oder Samen für die emsigen *Ameisen* streuend, die auf dem Rasen wimmeln oder sich in der düsteren, unheimlichen Halle des St. Elizabeth's drängen. Wir warten mit Furcht, aber mit einer neuen Art von Frieden. Darauf kommt es am meisten an. Hülle um Hülle des Selbst scheint abgeschält zu sein. Ich fange an, diesen »seltsamen Mann«, wie ihn die *London Times* vom 9. April in einem wohlwollenden Sonderbeitrag nennt, zu verstehen. Ich war nicht dafür gerüstet, den jungen Dichter zu verstehen.

15. April
Eine Zeitlang bekam ich Briefe von einem gewissen Charles [Martell], einem aus dem St. Elizabeth's-Kreis. Später zog er nach New Jersey, und ich hatte nicht den Mut oder die Energie, weiter seine seltsamen, faszinierenden Briefe zu beantworten. Ezra schlug mir vor, ihm Karten oder Bilder zu schicken. Ich hatte Ezra die meisten meiner alten Venedig-Karten und einige Fotos der Mosaiken von San Marco geschickt. Charles schrieb, daß ihm Dorothy eine Redouté-Rosen-Karte (war es, glaube ich) geschickt hätte, die ich ihr geschickt hatte. Auf der letzten Postkarte, die ich von Charles bekam, sprach er von einem Wiedersehen mit Ezra. Charles schrieb: »Er sagte, Sie seien ein *pink moth,* ein Falter.« Es war eine Zeile aus einem frühen Gedicht. Ich weiß nicht, wo oder

ob es je veröffentlicht wurde: *she danced like a pink moth in the shrubbery,* sie gaukelte wie ein Falter im Staudenbeet.
Ich tanzte im Mondschein im Garten wie ein närrisches Ding. *Maenad and bassarid.* Es ist nicht notwendig zu verstehen.

16. April
Erich brachte mir eine schöne Rubinglasschale aus Venedig mit. Es ist genau Pomona, Pomona. *No glass is clearer than are the globes of this flame.* Kein Glas ist lichter als dies Flammenfleisch. Ich hatte Erich diesen Granatapfel-Teil nicht vorgelesen, aber die kleine Trinkschale – »nein, nein, kein Aschenbecher«, sage ich zu ihm – verkörpert genau diese Zeilen. *This fruit has a fire within it.* Diese Frucht hat inwendig ein Feuer. Die kleine Schale ist schwer und hat einen weiß-blau-silbernen Rand, man hat das Gefühl, daß sie mit Rotwein gefüllt sei. Sie ist es. »Das ist der Gral«, sage ich zu Erich.
In einem Brief von Bryher steht: »Ich hörte heute morgen im AFN, daß beantragt wurde, die Anklage fallenzulassen und Pound freizulassen..., aber es wird auf jeden Fall eine Weile dauern.«

18. April, Freitag
Joan hat für mich in Zürich das kleine La Martinelli-Buch mit Ezras Einleitung gefunden. Die Bilder drehen sich auf dem Rad oder drehen das Rad: »La Martinelli, die als erste die Fähigkeit erkennen läßt, in Malerei oder Keramik auszudrücken, was in meinen Werken am höchsten zu rühmen ist.« Dies scheint eine Rückkehr zu sein zum frühen D. G. Rossetti und der *Vita Nuova*-Übersetzung und den präraffaelitischen Bildern, die Ezra mir brachte. *The Blessed Damozel!* Ezra las es mir natürlich vor – ja – und *Dante in Verona*. La Martinelli kommt mir vor wie ich *damals*. Man schätzt Ezras Begeisterung für Gaudier-Brzeska, Wyndham Lewis, Brancusi. Aber das ist etwas anderes. Auf dem ersten Bild, das *Testa Invocatrice* heißt, hält eine Hand (Ezras?) einen winzigen Keramikkopf. Alle Köpfe in diesem kleinen Buch sind Anrufungen; da ist *Patria* mit dem *Christo* und die traurige *St. Elizabeth's Madonna*.

19. April, Samstag
La Martinelli kommt mir vor wie ich *damals*. Ich denke an sie, als AFN gestern abend um 8 nur meldet, daß Ezra Pound, der amerikanische Dichter, entlassen werden soll. AFN sagt noch, daß er in Italien leben werde. Aber jetzt ist nicht 1908. La Martinelli ist eine reife Künstlerin. Ich war 21, als Ezra ging, und ein paar Jahre später kritzelte er in

London im Café des Museums *H. D. Imagiste* unten auf eine getippte Seite, die er mit seinem schöpferischen Bleistift zusammengestrichen hatte: »Laß das weg, kürze diese Zeile.«

H. D. – Hermes – Hermetismus und was es sonst noch gibt.

20. April, Sonntag

Das Bild im *Corriere della Sera,* Mailand, vom 19. April, das Joan mir gestern abend brachte, erinnert mich an William Morris, an Mark Twain. Ich sage nicht, daß das *radiofoto* wie der Engländer oder der Amerikaner aussieht, aber es erinnert mich an sie. *Ezra Pound verso La Libertà.* Der Ezra der Londoner Periode und der Ezra meiner frühen amerikanischen Umgebung sind eine Synthese eingegangen – wie ich. Da ist auch das Italien seiner frühen Verbindungen, Rossetti und die Dante-Folge. Da ist Dorothy Shakespear Pound, »die formal den Antrag stellte, die Anklage fallenzulassen«.

22. April, Dienstag

Am Freitag, den 18. April wurde die Anklage fallengelassen. Ich finde es sehr schwer, das zu begreifen. Ich hatte keine Zeit zum Nachdenken oder Tagträumen, und das brauche ich... Am Freitag, den 7. März habe ich mit diesen Aufzeichnungen begonnen.

23. April, Mittwoch
Jetzt höre ich von Norman wegen der Zeitungsausschnitte. Er möchte, daß ich diese Aufzeichnungen seiner Sekretärin zum Tippen schicke. »Und jetzt ist wieder ein Canyon überbrückt worden. Das Ende der Qual für Ezra... Ich bin froh, daß Du es aufschreibst, und Erich weiß, wie wichtig es ist, daß Du es aufschreibst... Es ist so gut, nichts – gar nichts zu verbergen vor denen, die man liebt und die einen lieben.«

Wenn ich an Ezras Werk denke, erinnere ich mich an meine lange *Helen*-Folge. Vielleicht lag immer eine Herausforderung in seiner schöpferischen Kraft. Vielleicht gab es sogar, wie ich zu Erich sagte, unbewußte – wirklich unbewußte – Rivalität. Mein älterer Bruder war der Liebling meiner Mutter; ich der meines Vaters. Aber die Mutter ist die Muse, die Schöpferin, und besonders in meinem Fall, denn meine Mutter hieß Helen.

Es fing alles mit den griechischen Fragmenten an – und als ich in Lugano und Lausanne (und auch hier) in der Abgeschiedenheit lebte, beendete ich 1952, 1953, 1954 die sehr lange epische Folge, meine *cantos,* wie Norman sie nannte.

24. April, Donnerstag
»Es tut mir leid, daß ich sagte, Sie seien hysterisch. Ich war nur beunruhigt.« Ich war hysterisch. »Meine einzige wirkliche Kritik ist, daß es nicht

mein Kind ist.« Am 30. März 1919 im St. Faith's Nursing Home konnte ich nicht schreien. Jetzt kann ich auch nicht schreien. Der Zug rattert näher. Das Kind verschwindet. Wie kam Er? Wie ging Er? Das war im Sommer, bevor ich zu meinem 70. Geburtstag nach Amerika fuhr. Ezra und Dorothy sah ich nicht. Ich wollte sie nicht sehen. Der »leidenschaftliche Augenblick«, die ganze schöpferische Leistung ist jetzt auf diese beiden konzentriert. Er ging aus dem Tor, war sie bei ihm?
Er ist immer noch im St. Elizabeth's. Er wird noch fünf Tage oder so bleiben, las ich in einer der Zeitungen, die Norman mir geschickt hat. Aber, schrieben sie, er ging allein hinaus. Er machte allein einen Spaziergang. Er ging in eine andere Dimension wie ich, wenn ich über sie schreibe. Dorothy ist die klassische *Bona Dea*.

30. April, Mittwoch
Aber es gibt andere. Norman schreibt, daß La Martinelli nach Mexiko fährt. Ich betrachte Ezras Bild; das ist ein alter Mann, sagen sie. Nur wenn ich zugebe, daß Ezra ein alter Mann ist, kann ich sagen, daß ich eine alte Frau bin. Aber es stimmt nicht. Es gibt andere. Sie malen weiter Bilder oder sie schreiben weiter Gedichte.
Was nun? Der Vorhang fällt. Mir ist, als könne ich nicht weiter sehen. Sie gehen hinaus, der mitgenommene Dichter und die Getreue Ehefrau. In

meinem vielzitierten *Weekend* wird berichtet, daß Miss Martinelli gesagt habe: »Opa liebt mich. Weil ich für ihn den Geist der Liebe symbolisiere, wahrscheinlich.«

1. Mai, Donnerstag
»Opa liebt mich.« Das war vor langer Zeit. Da gab es Is-hilda und den Tristan mit der Harfe, der Leier. Lange, lange danach gab es eine neue Rolle, aber es war die alte Tafelrunde. Die Musik war Begleitung. Wie in der ursprünglichen Sage war Lancelot, der tapferste Ritter, nicht ohne Makel. Aber er bleibt der Favorit des Königs. Die Königin spielt eine Nebenrolle. Aber sie ist stark. Am Ende stellt sie sich der Herausforderung. Getrennt gehen die Figuren eine Synthese ein, wie ich schon sagte: Tristan-Odysseus, Lancelot-Achilles, jeder mit dem endgültigen Partner, ausgewogen, daß sie fast eins sind. Und nachdem das vollbracht ist, ziehen sie sich vom wirklichen Leben zurück; doch in ihrem Kloster, ihrem Landhaus oder ihrem abgelegenen *Castello* arbeiten sie wie auf eine letzte Einheit hin.

7. Mai, Mittwoch
Wirklich? Ich glaube nicht, daß es darauf ankommt. Der *London Chronicle* vom letzten Sonntag, den George Plank mir schickte, berichtet von einem sofortigen Ausbruch, »Roosevelt war ein Narr«,

von einer Herausforderung an die Reporter, die ihn trafen, als er den Kongreßabgeordneten besuchte, der am meisten zu seiner Entlassung beigetragen hatte, und von einer Sendung der BBC, in der er die alten, langweiligen, abgenutzten Sprüche wiederholte und sein barbarisches Gekläff oder Gequassel wie Walt Whitman »über die Dächer der Welt« aussandte.

Dieses letzte Bild verändert sich im Laufe des Reproduzierens. Es ist das Foto, das ich zum erstenmal in der *New York Times* vom 19. April sah, die Norman mir geschickt hatte, aber das zeigte die Hand, die vermutlich ein Brillenetui hielt, oder könnte es symbolisch der kleine Keramikkopf *Testa Invocatrice* der Martinelli sein? Über den Abdruck im *Corriere della Sera* vom 19. April, den ich früher erhalten hatte, sagte Erich, Ezra sähe aus wie Wotan. Wir sind wieder bei unserem Lupus oder Lupa, der *Lady Loba*. Unser Parder oder Panther, endlich befreit aus seinem Käfig, faucht immer noch. Wollten wir es anders? Erich beklagt jedoch mit mir, welch ein Jammer es sei – »Sie verweigern ihm womöglich noch den Paß« – aber »psychologisch ist es unvermeidlich«, sagt er.

Dieser letzte *London-Chronicle*-Artikel wägt den Dichter und sein Talent gegen den launischen Propheten ab. Wo sind wir? Wir, die wir von seiner Inspiration profitiert haben, müssen einen Standpunkt beziehen – hier und jetzt.

8. Mai, Donnerstag

Dies ist eigentlich eine Vorahnung. Hier ist die Legende. Amerika hat Poe gehabt, lokalisiert; Whitman (trotz all seiner »kosmischen« Integration), lokalisiert; die Neu-England-Schule, Emerson, Thoreau, lokalisiert; Emily Dickinson, lokalisiert. Hier ist die Legende, der Mythos; der grundlegende Mythos kann eigentlich nicht lokalisiert werden. Wotan, Odysseus oder Herakles, geboren in Hailey, Idaho oder wo immer das ist, ausgebildet in... wo auch immer das war, und der junge Bilderstürmer findet sich in Venedig wieder, *le Byron de nos jours,* dem eine vornehme Gruppe auf einem schmalen Streifen des amerikanischen Kontinents, in Philadelphia, stillschweigend die kalte Schulter gezeigt hatte wegen eines Skandals, nicht gerade in der Nähe, in Indiana, wegen eines ganz geringfügigen Skandals, wenn es überhaupt ein Skandal war.

Es ist eher das Empfinden von Dingen als das, was die Leute tun. Es zieht sich wirklich durch alle Dichter der Welt. Einer von uns war erwischt worden. Jetzt ist einer von uns frei. Aber wir, die Partisanen des Welt-Denkens, des Mythos, zittern furchtsam. Was nun?

Gestern habe ich von Norman gehört. Er erwähnt das Originalinterview, das im *London Chronicle* zitiert wurde. »Es war wirklich schrecklich. Wie sein Freund Horton bemerkte (er ist der Mann von Square Dollar, der mich in Washington zum

Hospital brachte): ›Noch ein oder zwei solche Interviews, und die Regierung wird ihn aus dem Land treiben.‹«

9. Mai
Als ich das erste Mal von Ezras Freiheit hörte, sagte ich, er ginge allein aus dem Tor von St. Elizabeth's in eine andere Dimension. Ich hatte unrecht. Er ging in dieselbe Dimension hinaus; das heißt, er scheint hinaus ins Leben gegangen zu sein, wie er es vor 12 Jahren verlassen hat. Er fährt fort mit »all den Klischees«, wie Norman sie nennt, und hebt die Knüppel da wieder auf, wo er sie hatte niederlegen müssen.
Wer sind die Gestalten, diese Ungeheuer einer vergangenen Zeit, diese fürchterlichen Bildnisse, die unsere Welt zugrunderichteten, diese Teufel, diese Puppen? Wer sind sie? Wir legen kindische Dinge ab. Wir sind es, die in eine andere Dimension gingen. Hat es sie je gegeben? Machte Ezra sich selbst zum Ungeheuer durch seine Verbindung mit Radio Rom? Joan lachte unmäßig, als ich ihr von Ezras Sendung erzählte! Hitler und Mussolini dem britischen Löwen zu diesem späten Zeitpunkt noch ins Gesicht zu schleudern!
Es ist lustig. Es ist nicht einmal traurig.
Nein. Es ist nicht traurig. Es gibt einen Vorrat an dynamischer oder dämonischer Kraft, aus dem wir alle schöpfen können. Er lag auf dem Boden

des eisernen Käfigs und schrieb die *Pisaner Cantos*.

> *Vidal,*
> *Vidal. It is old Vidal speaking,*
> *stumbling along in the wood,*
> *Not a patch, not a lost shimmer of sunlight,*
> *the pale hair of the goddess.*

Der alte Vidal / bricht durch den Tann,/ Kein Sprenkel, kein verirrter Flimmer Sonne,/ hell das Haar der Göttin.

10. Mai
Das ist zwar ein früherer *Canto (IV)*, aber dieses Thema zieht sich durch die *Pisaner* Folge und den späteren *Rock-Drill* bis zum Schluß, bis jetzt, 1955. Dieser *Canto IV* steht allein, erschienen 1919 bei Ovid Press, London. Das ist das Jahr, in dem Ezra ins St. Faith's in Ealing, London, kam und in mein Zimmer stürmte. Ein Fenster ging auf den Garten mit Krokussen und den ersten blühenden Bäumen. Da *war* ein Kind, da *ist* ein Kind, irgendwo implizit. Am Bahnhof Stadelhofen in Zürich erschien mir sein Bild, an jenem Sommertag, bevor ich zu meinem 70. Geburtstag nach Amerika fuhr. Vielleicht ist mir Ezra auch »erschienen«, vielleicht ist er nie in mein Zimmer gekommen und hat mich verhöhnt. Da war keine Zärtlichkeit. Da war vielleicht Zorn und Bedauern darüber, »daß es nicht mein Kind ist«.

Ich habe die Publikation der *Cantos* nicht verfolgt, wie Eva Hesse sie in *Dichtung und Prosa* dokumentiert: 1925, 1927, 1930, 1934. Ich sah Ezra in diesen Jahren ein-, zwei- (vielleicht drei-)mal in Paris. Nach dem Tod von Mrs. Shakespear sah ich ihn, und zwar zum letztenmal, in London – war es um die Zeit der *Fifth Decad of Cantos*, 1937? Die *Cantos LII–LXXI*, 1940, und wir sind weit auseinander.
–

The Children's Crusade von Marcel Schwob...

11. Mai, Sonntag
Diese letzte Eintragung machte ich gestern. Mir fiel plötzlich ein Buch ein, an das ich vielleicht 50 Jahre nicht mehr gedacht habe. Es war eine der kleinen Luxusausgaben von Mosher in Portland, Maine, die Ezra mir in der Zeit jener Lawine von Ibsen, Maeterlinck, Shaw, Yogi-Büchern, Swedenborg, William Morris, Balzac's *Séraphîta,* Rossetti und all den andern mitgebracht hatte. Es war die Zeit des »täglich ein Sonett, wenn ich meine Zähne putze«, die Zeit des verlorenen *Is-hilda*-Buchs.
Ich bin mir nicht sicher, wie man Schwob schreibt, und Joan schaut nach, aber er steht nicht in meinem Lexikon. Der »Kinderkreuzzug« von 1212 steht jedoch drin und die 50 000 unbewaffneten Kinder aus Frankreich und Deutschland, die sich aufmachten, das Heilige Grab zu retten. Bryher, die hier ist, schien schockiert zu sein, daß ich nichts von

Schwob wußte. »Er war mit der Gruppe um Mallarmé verbunden – du mußt Aldington und Flint über ihn diskutieren gehört haben.« Ich sagte: »Ich habe nicht immer zugehört, und ich kann mich nicht an alles erinnern.« Es ist wohl kaum ein Prozeß des Erinnerns, sondern beinahe, wie gesagt, eines »Erscheinens«.

12. Mai
»Aufschreiben«, sagt Erich, »heißt, daß Sie alle Ihre Abwehrkräfte gegen Unwahrheiten mobilisieren... Aufschreiben ist eine andere Art von Abwehr...«
Der *Chronicle* sprach davon, wie Ezra Zeilen und Sätze von griechischen, lateinischen, mittelalterlichen und orientalischen Dichtern sammelt, übernimmt und stiehlt und sich wie eine Elster ein Nest baut. Er stellt jedoch fest, daß der Effekt erstaunlich sei und *make it new,* »Mach es neu«, eine ganze Schar kleinerer Satelliten aktiviert habe. Das erzähle ich Erich, erkläre ihm aber, daß ich das Gefühl habe, daß das eher das Vorgehen eines Phönix ist als das einer Elster. Es duftet. Was schrieb er? *Myrrh and olibanum?* Weihrauch und Myrrhe? Ich sagte: »Du fängst Feuer oder du fängst kein Feuer.« Da sind die Weihrauchschwaden (fast wahrnehmbar in meinem Zimmer hier) aus der düster-goldenen Höhlentiefe von San Marco und Santa Maria dei Miracoli in Venedig. Das war das

Wunder, das Kind an jenem Tag am Bahnhof Stadelhofen, *Christo Re, Dio sole.* Verbarg, versteckte sich das Kind, das ich mir bis dahin nicht vergegenwärtigt hatte? Es ist das Kind von Séraphîtus-Séraphîta. Mary de Rachwiltz und Ezras Enkel sind in Italien. Meine eigene Tochter und meine Enkel sind in New York. Fühle ich mich ihnen allen gegenüber treulos? Was verberge ich? »Leben Sie wohl, Dave, Sie kommen doch am Weihnachtstag herüber, nicht wahr?« Stehle ich, habe ich gestohlen? Ist mein eigenes Elsternnest eine Futterkrippe?

13. Mai
Norman schreibt: »Du mußt mit den privaten E. P.-Aufzeichnungen fortfahren. Dies ist doch der Augenblick für eine Art Katharsis, das Ordnen und Aufschreiben, das Dich befreien wird. Wichtig ist das Ordnen, nicht die Tatsachen.« Dieser Brief ist voller Neuigkeiten, obwohl Norman nicht direkt von den Pounds gehört hat. Ich weiß nicht, warum ich unruhig bin, mich ganz egoistisch frustriert fühle, als ich von ihren Plänen lese, sich nach Italien einzuschiffen. Ruft es die erste Trennung wieder wach, als Ezra auf einem Viehfrachter (wie ich irgendwo las) nach Venedig fuhr? La Martinelli reist nach Mexiko oder ist im Begriff dazu, allerdings nicht allein. Ich identifiziere mich nicht mehr mit ihr, aber ich würde gern helfen über Norman,

der ihre Kunstschätze für sie aufbewahren soll, während sie fort ist. Ich habe keine Sehnsucht nach Aztekentempeln. Wenn ich frustriert und eifersüchtig bin, so weil ich selbst unbeweglich bin, was das Reisen betrifft. Natürlich wird zuviel geklatscht. Wird Ezra nach Rom, Florenz oder Venedig abhauen? Aber er kann nicht, schreibt Norman, »denn schließlich ist er in Dorothys *Obhut* entlassen.«

Obhut? Ehe? »Genau aus diesem Grund könnte er weglaufen wollen«, sagte Erich. Hatte er von mir weglaufen wollen? Natürlich. Verbarg ich unterdrückte Erinnerungen an diese unendlich ferne fragwürdige »Verlobung«? Hatte er sie mit unbewußter oder sogar bewußter Absicht »gelöst«, war der kleine »Skandal«, der Verlust einer Stelle Absicht? Logisch war das alles unmöglich, das weiß man. Es ist so lange her..., aber die zweischneidige Demütigung durch Freunde und Familie, durch Ezra, wurde sorgfältig getarnt, mit dem Unkraut und Farn der täglichen Pflichten und Notwendigkeiten zugedeckt, und schließlich führte eine Brücke über die Kluft oder den Canyon, wie Norman es nannte, ein kraftvolles Bemühen um künstlerische Vollendung.

14. Mai

»Und nun ist wieder ein Canyon überbrückt worden. Das Ende der Qual für Ezra.« *Das Ende der Qual für Ezra* – nur darauf kommt es an. Es ist nicht leicht, sich wieder einzugliedern, denn nur im Rückblick wagen wir der Ungeheuerlichkeit der Situation ins Auge zu blicken. Es muß viele geben, die so empfinden wie wir.

In Ezras frühem Gedicht *The Goodly Fere* erzählt ein rauher angelsächsischer Fischer die alte Geschichte vom Galiläer. Er ist der Mittelpunkt einer Art allumfassenden Gemeinschaft, von der er bis zum Tag der Wiedergeburt getrennt wird, genauso wie Ezra im persönlichen Leben mich (psychisch) von Freunden und Familie isolierte. Wenn wir isoliert und mühsam wieder integriert worden sind, wollen wir den Sturm oder den Blitz, der unsere menschliche, häusliche Ruhe und Sicherheit zerstörte, nur noch vergessen, das ist normal. In gewisser Weise ist das *sauve qui peut*.

Ich hatte die heisere Stimme über Radio Rom nicht gehört. Freunde hörten zu, und besonders eine, deren Aufgabe es war, während des Krieges die Auslandssendungen der BBC abzuhören, sagte, die Wirkung wäre verworren, wirr, verwirrend gewesen, und sie hätte nicht das Gefühl gehabt, daß die »Botschaft«, worin sie auch immer bestand, irgend jemandem irgend etwas hätte schaden oder nützen können. Es hatte mit uns und den 20000 Opfern der ersten großen Luftangriffe und Feuer in London gewissermaßen gar nichts zu tun. *Tudor indeed is gone and every rose.* Tudor, fürwahr, ist tot, und jede Rose. Nein, Ezra!

15. Mai, Donnerstag, Himmelfahrt
Ezra in Erinnerung rufen, heißt, meinen Vater in Erinnerung zu rufen.
Meinen Vater in Erinnerung rufen, heißt, die kalte, glänzende Intelligenz meiner »letzten Bindung« in den Kriegsjahren in London in Erinnerung zu rufen.
Das ist nicht leicht.
Es ist aber leicht genug in Form von *Helen and Achilles,* meinen *cantos,* wie Norman sie nannte, von 1952, 1953, 1954.
Und in dieser ganzen Zeit und Jahre davor und Jahre danach erduldete Ezra »Qualen«, um Normans Wort zu gebrauchen. »Und nun ist wieder ein Canyon überbrückt worden. Das Ende der Qual für Ezra.«

17. Mai, Samstag
Er kam polternd herein, er ging polternd hinaus. Violet Hunts sehr alte, bettlägerige Mutter, deren Tür oben an der Treppe offenstand, sagte mürrisch: »Sag ihm, er soll gehen, sag ihm, er soll nach Hause gehen, er macht immer zu viel Lärm, dieser junge Mr. Browning.«

Er schrieb eine Oper, *Villon,* die, wie ich las, 1932 von der BBC übertragen wurde. Zumindest summte er Melodien oder pfiff sie, und irgendein Musikexperte muß sie niedergeschrieben haben. In den frühen Zeiten in London hörte ich Olga Rudge, die vollendete Geigerin, einige provenzalische Fragmente spielen (ich behauptete nicht, ihnen folgen zu können), die vermutlich von Ezra komponiert oder ausgegraben worden waren. Er schien nicht eingeschüchtert zu sein durch den Umstand, daß er (nach meiner Ansicht) kein Ohr für Musik hatte, und, ach, ich litt fürchterlich unter seinem unbeholfenen Tanzen. Ich litt, ich glaube eigentlich, wir litten alle. Er selbst machte in gewisser Weise keine Fehler. Er gab, er nahm. Er gab im Übermaß. Die meisten Tribute an seinen Genius, seinen Dämon oder Daimon, sind bisher von Männern gezollt worden. Aber zumindest drei Frauen, ob gefühlsmäßig involviert oder nicht, stehen für sich; er wollte sie zu etwas machen, er wollte sie nicht zerbrechen; er identifizierte sich in gewissem Sinn mit ihnen und ihrer Kunst.

18. Mai, Sonntag
Zu einer anderen Kategorie gehören Eva Hesse mit den deutschen Übersetzungen und Schwester M. Bernetta Quinn, deren *Metamorphoses of Ezra Pound* ich so erhellend fand. Und natürlich Mary, »die 32 Jahre alte Frau von Fürst Boris de Rachewiltz«, mit

ihren italienischen Übersetzungen der *Cantos* ihres Vaters.
Gestern nacht hörte ich im AFN, daß Ezra Pound, der amerikanische Dichter, mit der Cristoforo Colombo nach Italien fahren soll.

20. Mai, Dienstag
Das exakte Séraphîtus-Abbild ist in Texas aufgetaucht, erschienen. Ich bin überwältigt von dem *Time*-Bericht vom 19. Mai über den jungen Pianisten: »Van [Cliburn] ist der geborene feurige Virtuose.«
»Herr, nun lässest du deinen Diener in Frieden fahren.« Musik war es, was ich wollte. »Was verbergen Sie?« Ich verbarg ein Verlangen, einen Hunger nach Musik, wie ich sie als Schülerin an der alten Akademie in Philadelphia erlebt hatte. Einmal, als ich nach einem Konzert mit Paderewski zu erschüttert war, um aufzustehen, fand ich mich allein in dem leeren weiten Rund der Sitzreihen auf dem Balkon. Ans Geländer geklammert, bemerkte ich unter mir überrascht ein paar dunkle Gestalten, die in dem leeren, halberleuchteten Theater verstohlen vor dem verlassenen Flügel standen. Sie gehörten nicht zu jenem verwöhnten, vornehmen Publikum, das gerade hinausgeströmt war. Wer waren diese bescheidenen, dunkel gekleideten Gestalten, die mit dem Hut in der Hand, in ihren Mänteln tief unter mir standen, obwohl die beque-

men Plüschsitze des Parketts jetzt frei waren? Wer sind sie, Kritiker, die dem verlassenen Flügel, der leeren Bank huldigen? Wer bin ich? Wir gehören einem geheimen Orden an. Das Theater scheint dunkler zu werden. Es ist offensichtlich, daß wir nicht da sein sollten. Der Maestro kam zurück.
Der Maestro kam zurück, fast schien es, als stehle er sich zurück. Wir gehören nun zusammen. Dort im Dämmerlicht spielte er fast eine Stunde für uns. Mein Kopf ruhte auf meinen Armen. Ich weinte nicht leicht. Aber jetzt weinte ich. Er spielte Liszts Vertonung des *Erlkönig*.
Erlkönig, er war selbst dieser Geist. O *Vater, mein Vater.*

21. Mai, Mittwoch
Ein Präriefeuer – oder was? Es fegte über Rußland, Leningrad, Moskau, »von Riga bis Kiew«, und wir selbst werden »von der Liebesaffäre zwischen Van und den Russen« ergriffen. Was ein zweifelhaftes und furchterregendes Rätsel war, die Sowjetunion, wird Teil des menschlichen Bewußtseins, des Herz-Bewußtseins. Wir brauchen uns nicht mit Ahnungen zu quälen, ein Wunder ist geschehen. Ich habe hin und wieder über Erichs Anspielung auf eine deutsche oder germanische Philosophie gelacht, Klages *Kosmogonischen Eros*. Wir haben zusammen gelacht. Aber hier ist er anscheinend. Wir hatten die Hoffnung auf Weltversöhnung fast

aufgegeben, aber Amerika in Gestalt dieses seltsamen, zu groß gewachsenen Außenseiters (wie *Time* ihn nennt) proklamiert: »Das ist mein Volk, ich glaube, ich hatte schon immer ein russisches Herz. Ich würde ihnen drei Quart Blut und vier Pfund Fleisch geben...« Das ist vertraut, biblisch. »Nehmt und eßt, das ist mein Leib.« Vor einem Konzert der Buffalo Philharmonic Symphony soll Van zu dem Wiener Dirigenten, Josef Krips, gegangen sein und gesagt haben: »Maestro, laßt uns beten.« Vans Gebet lautete: »Gott sei uns gnädig und gebe uns Kraft, daß wir gute Musik zusammen machen.«

23. Mai, Freitag
Das Idol, das hätte existieren sollen, existieren können, das irgendwie »verborgen« war, das war, ist das *Wunderkind*. Wenn ich das Kind nicht war, und offensichtlich war ich es nicht (als Kind), wollte ich das Kind bekommen. Aber der Gedanke, der Wunsch, der Wille war kosmogonisch – und ich verwende das Wort leichtfertig, man kann nicht zu ernst sein, und es ist ein Scherz von Erich und mir. Ja, ja – ich erzählte ihm nie davon, aber das Kind am Bahnhof Stadelhofen an jenem Sommertag, bevor ich zu meinem 70. Geburtstag nach Amerika fuhr, war das Kind, der *Eros*. Und Van, dieser Vanja ist das Kind. Es muß noch andere geben, vielleicht viele andere. Und Ezra war einmal ein Idol, ein

Abbild seiner Jugend, in seinem Ariel- oder Séraphîtus-Stadium. Und all das ist lange her und heute und morgen und »existentialistisch«, wie Erich sagen würde.

4. Juni, Mittwoch
Ja, all das ist heute. Ich habe langsam und mühsam diese Aufzeichnungen ab 24. Mai getippt. Dazwischen taucht La Martinelli auf. Sie ist eine Spiegelung-in-einem-Spiegel, Undine, geistergleich. Das ist ein Bild, das Norman mir mit einer Anzahl Fotos von ihren eigenen Zeichnungen und Gemälden schickte. Sie hat ihn gebeten, diese und einiges der *ceramica* aufzubewahren, wenn sie nach Mexiko fährt. Sie machte die Aufnahme selbst (von sich selbst), sie spiegelte sich in einem Spiegel, in einem »Bikini«, schrieb Norman. Es ist ein graziöser kleiner Körper, und das dreieckige Gesicht straft Rattrays Beschreibung in *Weekend* Lügen. Der junge Mann war zweifellos verwirrt und verstört über die Erscheinung, die »wie ein Vogel in der Dämmerung dahockte ... mit dem goldenen Haar, das auf ihre schmalen Schultern herabfiel«. Als ich das *Weekend* noch einmal lese, wird die Beschreibung im Licht der späteren Ereignisse noch eindringlicher und aufschlußreicher. »Ich hielt sie für eine Patientin aus einer anderen Station.« Norman schreibt, daß Pound, als er St. Elizabeth's nach seinem Besuch wieder verließ, »mir erzählte, er

würde sie nicht sehen, aber keinen Grund nannte und mich noch bat, ihr zu helfen«.
Norman hat mir geschrieben und mich um Rat wegen einiger der Bilder gebeten. Ich habe das Gefühl, wir haben La Martinelli geerbt.

5. Juni
»Pound warf seine Arme um sie und küßte sie zum Abschied.« Am zweiten *Weekend*-Tag, »umarmte Pound sie und fuhr ihr mit den Händen durchs Haar«, und beim Gehen »umarmte Pound Miss Martinelli wie am Tag zuvor«.
David Rattray schreibt: »Sie hatte sehr große Augen – wie eine Katze.« Er spricht von ihrer riesigen Stirn, ihrem winzigen Kinn und noch kleineren Kinneskinn. Im Spiegel ist nichts von dieser Kinn-Diskrepanz zu erkennen. Das Gesicht scheint spitz zu sein, dreieckig, das weiche Haar läßt die hohe Stirn frei. Erich und Joan waren beide hingerissen von dem Foto und sagten, der Eindruck, den das *Weekend* von Undine vermittle, schiene seltsam verzerrt zu sein.
Ich sehe diese Undine. Irgendwo in *Rock-Drill* schreibt Ezra von trockenen Felsen, Öde, kein Wasser, kein Ort für seine Undine. Als Ezra schließlich nach Europa fuhr, trat Frances in mein Leben. Sie vervollständigte oder ergänzte die Dryade oder Druidin, die Ezra so eindringlich beschworen hatte. Jetzt ist es fast wie eine Über-

lagerung, wenn Ezra diese Undine verläßt oder verlassen wird oder verlassen hat, die wiederum so eindringlich beschworen worden war – aber in welch trostloser Umgebung.

6. Juni, Freitag
Martinelli. Martin ist ein Jungenname – noch ein kosmogonischer Eros? *Martin* ist ein Vogel aus der Schwalbenfamilie, mit einem Schwalbenruf, einem Schwalbenflug. »O Schwalbe – meine Schwester... die getrennte Welt trennte uns...« auf dem Weg zu unbekanntem Abenteuer, einen Tempel, eine Antwort suchend. Ich zittere bei den Wörtern *Aztec, Aztlan,* die Norman aus einem Brief zitiert... und ein Grab, eine Venus, ihre eigene Schöpfung, sollen mit ihr gehen – wohin? Frances Josepha ergänzte mich, nachdem ihr »Vater«, wie die *Martin* Ezra nannte, 1908 von Amerika nach Europa aufgebrochen war. Jetzt ist 1958. Trennen uns die getrennten Jahre? Nein.

7. Juni, Samstag
Erich Heydt hat die »getrennten Jahre« ausgefüllt. Mein eigenes »Weekend« ist leer ohne ihn. Er besucht mich regelmäßig an den ersten Tagen der Woche zum Tee (zum Kaffee). Bryher kommt am Dienstag, und mittwochs und samstags erwarte ich Bekannte aus Zürich. Sie wollen mich nächste

Woche einen Tag aus meiner Umgebung heraus-
frühjahrsputzen. Das ist schlimmer als eine Reise
nach Mexiko. Ich kann *Aztec* und *Aztlan* nicht
»ertragen«, aber ich warte fieberhaft auf Nachrichten von Norman.

8. Juni, Sonntag
Fieberhaft? Ist das das richtige Wort?
Dorothy, diese Säule der Standhaftigkeit, dieser
Elfenbeinturm, versteckt sich oder versucht, sich
zu verstecken, in ihrer Ecke, »hinter einem klapprigen alten Klavier«. Er und seine Undine werden
sich nicht wiedersehen. Was sagte er? Es geschah in
der Öffentlichkeit. Es geschah alles in der Öffentlichkeit. Die düstere Halle ist immer voll von
Patienten, den anderen Patienten, aber sie haben
ihre kleine armselige Privatecke, eine halbgeschlos-
sene Nische. An einem Tisch in der Nähe sitzen
Schwarze, und andere liegen auf Bänken entlang
der Wand. Hat er ihr dann gleich gesagt, daß es das
letzte Mal sei, oder beließ er es dabei und schrieb
einen seiner nahezu unentzifferbaren Briefe, um
zumindest in dieser Beziehung verstanden zu werden, daß »wir uns nicht wiedersehen werden«?
Sie würden sich »draußen« nicht sehen. Sie hat
Freunde, Arbeit, sie ist nicht allein.
Warum schrieb sie Norman über sich selbst, über
Undine: »Er hat sie getötet.«?
Ja, es geschah in der Öffentlichkeit. Es muß das

letzte Mal gewesen sein, daß ich ihn sah, bevor er nach Europa fuhr. Es war an der Burd School, wo wir die Bälle und Rodelpartien veranstaltet hatten. »Vater kommt nicht zurück«, sagte Margaret [Snively], »du kannst mit Ezra in seinem Arbeitszimmer bleiben.« Da stand eine Couch. Leidenschaftliche Küsse. Es klopft zaghaft. Ezra will die Tür öffnen und dreht sich zu den schweren langen Samtvorhängen um. »Was ist los?« Das war ein neuer Schock, wieder »in flagranti ertappt«, wie es nun einmal war. Es war genug, um ein Publikum anzuziehen. Die Schulmädchen, stellte sich heraus, hatten sich auf dem Balkon darüber versammelt – eine von ihnen war anständigerweise zur Privatwohnung herübergekommen und hatte es Margaret erzählt. In den Falten des schweren Samts muß ein Schlitz gewesen sein; jedenfalls hatten die Mädchen ihre Peep-Show gehabt. Ich war damals erstarrt. Jetzt denke ich an La Martinelli, das letzte Mal in St. Elizabeth's, und im Hintergrund dunkle Gesichter, ein Dschungel.

11. Juni, Mittwoch

Erich sprach von Vergangenheit, Gegenwart und Zukunft, von [Heideggers] *drei Ekstasen der Zeitlichkeit,* als ich ihm gestern diese letzten Eintragungen vorlas. »Haben Sie sich erst jetzt an diese letzte – Peep-Show erinnert?« »Ich kann sie nicht wirklich vergessen haben, aber sie wurde erst real, als ich darüber schrieb; Vergangenheit, Gegenwart und

Zukunft, wie Sie sagen, kamen zusammen, *die drei Ekstasen*. Das ist die Art von Erinnern, die Realität, *Ekstase* ist. Der Akt dieses Erinnerns ist eine *Ekstase,* selbst wenn die erinnerte Sache – *some dull opiate to the brain, and Lethe-wards had sunk,* ein dumpfes Opiat fürs Gehirn und Lethe-wärts geneigt, ist. Aber ich konnte mich Lethe nicht zuneigen – die Demütigung hielt mich zurück.«
»Es passierte zuerst mit Ihrem Vater?« »Ja – ja – aber irgendwie wird diese erste Episode erst im Zusammenhang mit einer anderen (›er küßte sie zum Abschied‹) *wahr,* vielleicht ist das die Zukunft, diese Art von Erinnern, *Ekstase.*«

Er sagte: »Ich bin traurig, daß Sie sagen, Ihr ›Weekend‹ sei leer. Ich könnte immer kommen, auch samstags.« Ich versuche zu erklären, daß die Leere dazugehört – sie gehört zum letzten Sommer, als er für drei Monate weggefahren war – sie gehörte (was ich erst unlängst erkannt habe) dazu, als Ezra Amerika verließ, – und diese Einsicht bewahrheitete sich erst, wurde erst *real,* als ich am 18. April von Ezras Entlassung und von seinen Plänen hörte, nach Europa zurückzukehren, und meine Ekstase war gemäßigt durch mein Mitgefühl, fast Identifikation mit La Martinelli. Ich wußte damals nicht, daß sie schon abgereist waren.

Ich zeige Erich eine Meldung aus *Time* (9. Juni), die von Ezras formellem Gesuch für einen Paß berichtet, dem stattgegeben wurde. Es wird darin vom »verrückten alten Dichter Ezra Pound« gesprochen. Erich sagt: »Aber wirklich, wie wunderbar – *mad old poet* – das ist aus – aus – .« »*King Lear*«, sage ich.

14. Juni, Samstag
In *The New Yorker* vom 24. Mai 1958 habe ich einen interessanten Artikel von Edmund Wilson über »Mr. Eliot« gelesen. Wilson schreibt über T. S. Eliot: »Vielleicht trifft auf keinen anderen Dichter Cocteaus Wort so zu, daß der Künstler eine Art Gefängnis ist, aus dem die Kunstwerke ausbrechen.« Mr. Wilson spricht von der Getriebenheit von Eliots Dichtung, er schrieb unter Druck – so wie wir. Das Gefängnis des Selbst wurde für unsere Generation durch Ezras Einkerkerung dramatisiert oder materialisiert.

19. Juni
Es gibt jedoch einen Ort oder eine *Ebene* dazwischen, die nicht ignoriert werden kann. Sie überlebt die Erinnerung an den ersten leidenschaftlichen Lupus und die »letzte Bindung«, einen Panther anderer Ordnung, den Ulysses und Achilles von heroischer Statur. Es ist das *Paradies* des *laisser aller,* der Orangenhaine von Capri, der Arkaden und Bögen von Padua und Verona. Laß das Grandiose fahren, sagt es, laß den Ehrgeiz fahren; kritzle, schreibe, das ist dein Erbe, kein wilder Drang.

Täusche dich nicht. Durch Welten getrennt, machten zwei Pole die Kommunikation möglich. Die Pole etablieren. Andere mögen unsere Erfindung, Ausdehnung, Kommunikation benutzen. Wir machen uns nichts mehr daraus. Nur werden wir beim Zuschauen von einer rein instinktiven Geste getrieben. Wir würden die Hand ausstrecken, ein Opfer vom Altar schnappen. *Aztec. Aztlan.* Was können wir dagegen tun?

20. Juni
Wie ich schon sagte, schickte mir Norman die Fotos von ihren Bildern. Ich habe auch das *Pesce d'Oro*-Büchlein von La Martinelli, das Joan in Zürich für mich gefunden hat. Ich schrieb Norman über meinen Eindruck von ihrem Werk, er schrieb ihr davon. Er sagte, sie würde die Anerkennung durch »eine andere Künstlerin« zu schätzen wissen. So erhalte ich über Norman einen Brief von ihr und schreibe ihr direkt. Sie schreibt mir zurück. In diesem Brief vom 9. Juni bin ich alles, was ich vergessen wollte, »Seherin«, »die Erhabenste«, »die Schönste« und all das.
Sie habe ein Exemplar von *Modern American Poetry*, schreibt sie, und im H.D.-Teil hätte sie auf dem Rand Zeichnungen angebracht. Ob sie mir das Buch schicken solle?

21. Juni, Samstag
La Martinelli kommt mir vor wie ich *damals*,
schrieb ich, als ich am 18. April die Sendung hörte –
das *Damals* dehnt sich allerdings in der Zeit. Es ist
der schöpferische Bleistift, der im Museumscafé in
London ein Gedicht umformulierte. Das Gedicht
war *Hermes of the Ways*. Ich frage mich, ob dieses
erste veröffentlichte Gedicht in dem Buch ist, das
La Martinelli mir schicken will.

25. Juni
Arme Martin! Sie wollen dich nicht, wirklich nicht.
Wie sollen wir uns damit versöhnen?
Norman schrieb, daß Marcella, das Mädchen aus
Texas, eine von Ezras »Schülerinnen« sei. Sie unterrichte in Washington, damit sie in seiner Nähe
sein könne. Jetzt schreibt mir Martin, Ezra nehme
vielleicht »die Gans Marcella nach Italien« mit und
überlasse »das Häßliche Entlein den Indianern«.
Das bricht einem das Herz. Wir haben noch ein
Herz, das gebrochen werden kann. Sicher kann
Marcella Koffer schließen, Fahrkarten kaufen und
tippen. Ich habe unter den anderen Fotos die Skizze,
die La Martinelli von ihr gemacht hat. »Ein hübsches Mädchen«, sagte Erich. Ein hübsches Mädchen, adrett, präsentabel. Sie stellt im Augenblick
eine Anthologie zusammen, ich glaube, gemeinsam mit Ezra.
Gefühl, Sentimentalität kämpfen mit der Vernunft.

26. Juni
Die Martin schreibt: »Der Mann kann doch nicht einfach so herumreisen und eine Geistesliebe wegschmeißen.« Sie schreibt: »Ich kenne Ezra seit sechs Jahren.« Sie sagt: »Vor vier Jahren gelobte ich in der St. Anthony's Kirche in NYC, daß ich den Maestro nicht verlassen würde, bis er freikäme. Einen Monat bevor er entlassen wurde, ließ er mich dieses Gelübde brechen.«

6 Jahre? Wohin bringt uns das auf dem Raster der parallelen Ereignisse, auf der Karte oder dem Diagramm? 1958 – 6 Jahre – 1952. In jenem Sommer begannen wir die lange Helena-Folge, ein nicht unerfolgreicher Versuch, eine materiell »weggeschmissene« Beziehung aufrechtzuerhalten. Das ist die einzige Möglichkeit, ein Gelübde zu halten. »Aber das ist KRIEG«, schreibt die Martin. Meins war auch Krieg, transponiert in das Heroische, den Meereszauber bewahrend. Nichts ist verloren oder kann verlorengehen von dem, was Martin »eine Geistesliebe« nennt.

27. Juni, Freitag
Am 19. Juni schrieb ich: »Wir würden die Hand ausstrecken, ein Opfer vom Altar schnappen. *Aztec. Aztlan.*« Gestern kam ein Brief von Norman. »Ihr [José Vasquez] Amaral nahm ihre Bilder zu einer Ausstellung nach Mexiko mit, er hatte in Texas einen schrecklichen Unfall, bei dem seine

Freundin, die mit ihm fuhr, ums Leben kam, und das Auto demoliert wurde. Man folgert daraus, daß die Kunstwerke zerstört sind, aber sie spricht auch davon, daß sie jetzt dorthin fahren müsse, um sie zu holen.«

Ich schrieb Norman, daß ich eine Vorahnung von einem Unglück gehabt habe, ihr aber nichts davon hätte schreiben wollen. Am 7. Juni hatte ich geschrieben: »Ich kann *Aztec* und *Aztlan* nicht ›ertragen‹, aber ich warte fieberhaft auf Nachrichten von Norman.«

Ist das die Nachricht? Hat *Aztec, Aztlan* sein Opfer genommen? Werden sie Martin gehen lassen?

28. Juni, Samstag
Kalendertage haben jetzt ein Vorspiel und ein Nachspiel. Am 10. Juni schickte Martin das Exemplar von *Modern American Poetry* an mich ab. Gerade ist es gekommen. Es wurde in Washington abgeschickt, aber der Absender ist Mt. Vernon Ave., Alex., Va. In ihrem langen Brief vom 9. Juni muß sie von den Randzeichnungen gesprochen haben. Aber eine ist ein ganzseitiges Bild von Ezra über den *Evadne*-Zeilen *I first tasted under Apollo's lips/ love and love sweetness*... Unter Apollons Lippen schmeckte ich zum erstenmal Liebe und Liebessüße...

Ich finde die Anspielung auf [Vasquez] Amaral. »Nun hat José Amaral, der Azteke, mir einen anderen Namen gegeben ... und ich kann nicht anders als ihn verwenden.«

Wenn sie nur damit einverstanden wäre, jetzt einfach Martin zu sein, was die berechtigte Abkürzung des Namens Martinelli der Ezra-Periode ist. Wie ich mich erinnere, ist Martin auch der Familienname der Heiligen, deren Bild meiner Meinung nach ihr Undine-Foto ähnlich sieht.

Auf der ersten Seite des H. D.-Teils ist sorgfältig eine gepreßte *Little Flower,* eine kleine Blume, eingeklebt.

Wir würden Martin gern der Obhut von Marie-Françoise-Thérèse Martin, der Heiligen Thérèse von Lisieux, anvertrauen.

30. Juni
In *Modern American Poetry* schreibt Martin bei der »Meerjungfrauen«-Stelle von T. S. Eliots *The Lovesong* an den Rand: »›Eine alte Legende‹, sagte meine Mutter, ›erzählt, wenn uns ein Meerprinz ruft und wir mit ihm zusammenleben, ist alles gut, solange wir nicht menschliche Stimmen hören können; wenn wir es tun, wecken sie uns sofort aus unserer Verzauberung, und wir ertrinken.‹ Ich denke, wenn man einmal beschlossen hat, durch eine Wand zu gehen, sollte man es sich nicht in der Mitte anders überlegen.«

2. Juli, Dienstag
Martin deckt und überdeckt Frances [Gregg] Josepha, wie ich schon sagte. Und Frances war wiederum die Florence meiner Kindheit – alles Jungennamen. (In den alten französischen Sagen war Florence ein Page oder Jüngling.) Florence-Frances. Frances sagte, die Leute würden sie immer Florence nennen.

Florence hatte nur Schwestern, wie die kleine Martin von Alençon und Lisieux. Ich habe Mühe, die Schwestern auseinanderzuhalten. Da war Marie, Pauline, Céline – und noch eine, Léonie? Florence war ein hübsches Kind mit dem gleichen kurzen Lockenschopf, wie wir ihn auf den frühen Thérèse-Bildern sehen. Und unsere kleine Undine auf den Klippen mit ihrem windzerzausten Haar sieht wiederum der jungen Florence nicht unähnlich. Alle drei, die Heilige, die zurückgewiesene wilde und eigenwillige Undine und die anmutige *châtelaine* von Bon Air, Virginia (das Kindheits-Alter ego, von dem ich mit acht getrennt wurde), werden in meinem Bewußtsein eins, die »verlorene Gefährtin«, die in vielen analytischen Fallgeschichten so eine wichtige Rolle spielt.

3. Juli
Lucie Delarue-Mardrus erzählt die Geschichte der Thérèse Martin von einem überlegten, weltlich-protestantischen Standpunkt aus. Das schmälert

nicht, sondern verstärkt noch das überwältigend Ergreifende der Legende. Thérèse war sehr jung, als sie ihre Mutter verlor, sie hielt sich an ihre ältere Schwester. Als Pauline ins Kloster geht, beschließt Thérèse, ihrer *petite mère* zu folgen. Sie muß sieben Jahre warten, bis sie 16 ist, bevor sie sich Soeur Agnès oder Mère Agnès de Jésus anschließen darf. Soeur Thérèse de L'Enfant Jésus lebte dort, bis sie 24 war.

Ich hatte kurz vor dem Ersten Weltkrieg von *Histoire d'une âme,* ihrer kurzen Autobiographie, gehört, aber sie interessierte mich nicht weiter. 1925 hörte ich von der Vatikan-Zeremonie der Heiligsprechung von Thérèse Martin. Die Heilige Thérèse hatte eine eigenartige Gabe. Sie würde ihr Leben im Himmel nutzen, hatte sie versprochen, für gute Taten auf der Erde. Sie hatte Tausende von Schützlingen. Im Zweiten Weltkrieg brachte mir eine Freundin (Protestantin) eine kleine Schnur mit 13 Perlen. »Du sagst ein Ehre-sei«, erklärte sie mir, »Ehre-sei-dem-Vater-und-dem-Sohn-und-dem-Heiligen-Geist für jede Perle, acht Tage hintereinander – eine Oktave – meine katholische Schwägerin hat es mir gesagt. Du kannst einem Bettler eine halbe Krone geben oder sie in die Almosenbüchse stecken, aber das ist nicht notwendig. Zusätzlich kannst du eine Rose kaufen und sie auf ihren Altar legen (im Brompton Oratory ist einer). Du erzählst einfach deine Sorgen und Nöte und bittest um Hilfe. *Es wirkt.*« Die

Oktaven – oder waren es Novenen? – wirkten im Krieg Wunder.

Nach dem Krieg habe ich die Perlen lange Zeit nicht angerührt oder abgezählt, aber ich bin auf sie zurückgekommen.

Madame Mardrus sagt, sie sei die einzige von den Tausenden von Verehrern und Schützlingen der Heiligen Thérèse, die nie um irgend etwas gebeten habe.

7. Juli
Ich habe Denton Welch gelesen. Er starb 1948 im Alter von 31 Jahren nach einer langen Krankheit, deren Ursache kriminell unvorsichtiges Fahren war, noch ein »schrecklicher Unfall«. Er war noch Schüler, Kunststudent, in den Pfingstferien, auf seinem Rad, glücklich, frei. Dann war alles aus, er lag auf einem Feld. *A Voice Through a Cloud* erzählt seine Geschichte, lakonisch, mit Anflügen von Galgenhumor. Da ist echtes Märtyrertum; der Bericht mit höchstens kleinen Anspielungen auf »Gott-Vater-Gott-Sohn-und-Gott-den-Heiligen-Geist« hat seinen Platz fast neben Thérèse Martins *Histoire d'une âme*.

Der Junge selbst hat seinen Platz bei dem erwähnten *Eros,* diesem besonderen Engel.

11. Juli
Nun sind sie fort. Der *bon-voyage*-Brief, den ich ihnen durch Norman geschickt habe, wird sie nicht rechtzeitig erreicht haben.

13. Juli
Aber ich höre von Norman, der sie am 1. Juli auf der *Cristoforo Colombo* verabschiedete.
»Dienstag war ein Ereignis! Ich fuhr nach New York, um Ezra und Dorothy zu verabschieden. Er hatte geschrieben und mich gebeten zu kommen. Um 2.30 Uhr war ich am Pier, und nach kurzem Herumirren fand ich Kabine 128, die am Ende eines Gangs in einem Winkel der Ersten Klasse versteckt war. Die Tür war geschlossen, aber Omar Pound öffnete sie und sagte zur Begrüßung: ›*Sie* sind derjenige, den wir sehen *möchten*. Kommen Sie!‹ Die Tür schloß sich hinter mir. Auf dem Bett lag Ezra, bis zur Taille entblößt, auffallend braungebrannt. Zu seinen Füßen auf dem Bett saß Marcella [Spann], ohne Schuhe. Auf der anderen Seite der Kabine saß Dorothy, lächelnd und sehr gut aussehend. Sie stand auf, und zu meiner Überraschung küßte sie mich, und ich überreichte ihr eine gelbe Rose. ›H. D. wünschte, daß ich sie Ihnen gebe‹, sagte ich. Ich erzählte ihr, Du wüßtest zwar, daß sie führe, aber nicht wann. ›Dann hat sie es Ihnen aufgetragen!‹ sagte Dorothy, und sie war wirklich gerührt. ›Ja‹, antwortete ich, denn die

Geister hatten mir gesagt, daß Du es mir aufgetragen hast.
Schließlich entdeckte ich, daß Omar die Presse abhielt, die immer noch Fotos und Interviews machen wollte, was beides nicht erlaubt war. Es war heiß, aber behaglich. Ezra war nicht anders als sonst. Eine halbe Stunde lang hielt er mir einen Vortrag über Zulassungsprüfungen fürs College und das Programm, dem ich folgen muß, um sie zu verbessern. Er redete über die *Anthologie* von ihm und Marcella Spann und was ich damit tun müsse. Er zeigte mir *Canto 99,* der gerade erschienen war. Ich werde Dir ein Exemplar besorgen. Und so verging die Zeit. Um 3.30 Uhr heulte die Schiffssirene, und wir sagten Lebewohl. Ezra nahm meine Hände und drückte sie herzlich; Dorothy gab mir drei zärtliche Küsse und lud mich auf die Brunnenburg ein. ›Schauen Sie nicht so traurig‹, sagte Ezra.
Und so ist das vorbei, und ich frage mich, ob ich je wieder einen von ihnen sehen werde. Und auf jeden Fall war Deine Rose bei ihnen. ›Sie ist für das *Paradiso*‹, sagte ich zum Schluß.«

Der Sommer, aus dem ein Leben wurde
Ein Nachwort von Michael King

Es dauerte zwanzig Jahre, bis dieses Buch veröffentlicht wurde, und der schmale Band erzählt von einer Freundschaft, einer Liebesgeschichte und einer dichterischen Zusammenarbeit, die bis zum Anfang des Jahrhunderts zurückreichen. Ezra Pound und Hilda Doolittle begannen dieses Jahrhundert zusammen, in Pennsylvania, und hielten an ihrer Freundschaft Jahre hindurch fest, obwohl ihre europäische Odyssee sie in verschiedene Richtungen führte. Ihre letzten Briefe beschwören noch einmal ihre frühen gemeinsamen Tage; H. D.s Briefe an Pound sind mit »Dryade« unterschrieben, dem Namen, den er ihr gegeben hatte, als sie jung waren. Die Tochter von H. D., Perdita Schaffner, hat über diese Zeit geschrieben:
»Sie waren zusammen jung, junge Dichter, Neuerer, nahe Freunde. Er schlug ihr vor, ihre Initialen als Autorennamen zu nehmen. Sie dachte, ihr richtiger Name würde zu Wortspielen und Witzen verleiten. Von da an war sie H. D. Sie dachten daran zu heiraten. Ihre Verlobung war auf Probe und nicht offiziell, die Eltern von ihr waren sehr dagegen, und schließlich wurde sie gelöst...«
Die Geschichte der Zusammenarbeit der beiden jungen Dichter ist oft erzählt worden: Wie Pound die Schule des Imagismus zumindest teilweise begründete, um damit die besonderen Eigenschaften der frühen Gedichte von H. D. zu umschreiben und um ihnen zum Druck zu

verhelfen. Später, wie sie in diesem Erinnerungsband berichtet, half ihr der anhaltende Einfluß der Poundschen *Cantos,* für ihre eigenen langen Gedichte, *Trilogy* und *Helen in Egypt,* eine Form zu finden. Und in einem ihrer letzten Gedichte, *Winter Love,* das sie kurz nach *End to Torment (Das Ende der Qual)* geschrieben hat, wird ihre frühe Liebe zu einer mythischen Beziehung zwischen Helena und Odysseus verklärt. Bezeichnenderweise nahm H. D. ein symbolisches oder allgemein verbreitetes Muster wahr, das ihrer eigenen Erfahrung zugrundelag, und versuchte in ihrem Schreiben, diesem Muster Ausdruck zu verleihen.

Obwohl *Das Ende der Qual* eine sehr persönliche Erinnerung ist, weist es auch einige dieser Techniken und Denkgewohnheiten auf. Während H. D. an diesem Buch arbeitete, schrieb sie Norman Holmes Pearson über die Künstlerin »Undine« Sheri Martinelli: »Ich möchte das herausarbeiten, da es (sehr entfernt) meine eigene Erschütterung berührt, als Ezra nach Europa ging – 1908?« Und sie stellt einen Zusammenhang her zwischen Pounds politischer Isolation und Gefangenschaft nach den Zweiten Weltkrieg und der Reaktion der gesetzten Gesellschaft von Philadelphia auf seine Rückkehr aus Indiana, wo er nach einem kleinen Skandal seine Dozentenstelle am Wabash College aufgegeben hatte. Hilda hielt damals treu zu Ezra, obwohl er, als sie ihn nach den bösen Gerüchten fragte, mit seinem charakteristischen Talent für Trotz und Selbstdramatisierung antwortete: »Man sagt, ich sei bisexuell und würde mich widernatürlichen Lüsten hingeben.«

In der Zeit der Niederschrift von *Das Ende der Qual* (1958) fand sich H. D. mit der Verteidigung ihres

Dichterkollegen wieder einmal fast allein unter ihren Bekannten. Ihre Freundinnen Bryher und Sylvia Beach nahmen Pound seine Aktivitäten und Sympathien im Krieg verständlicherweise übel und rieten ihr davon ab, sich auf eine Rechtfertigung einzulassen. Sie selbst wollte keineswegs auch noch zu der übertriebenen Publizität um Pound beitragen, »noch zu den Journalisten dazu«. Obwohl die Veröffentlichung nicht drängte, ermunterte sie ihr langjähriger Freund und literarischer Berater Norman Holmes Pearson in jener kritischen Zeit, als die andauernden Bemühungen, Pounds Freilassung aus der Anstalt zu erreichen, endlich Erfolg zu haben schienen, ihre Erinnerungen aufzuschreiben. Noch während das Manuskript am Entstehen war, erreichte sie die gute Nachricht in einem Brief von Pearson: »Und nun ist wieder ein Canyon überbrückt worden. Das Ende der Qual für Ezra.«

Ein anderer wichtiger Verbündeter in diesem Kampf war H. D.s Arzt Erich Heydt, den sie in der Klinik Dr. Brunner in Küsnacht bei Zürich kennenlernte. Seine Rolle bei der Erinnerungsarbeit ist im Buch selbst gut dokumentiert. H. D. fühlte selber die Notwendigkeit, ihren Erinnerungen bewußt nachzugehen und sie in Worte zu fassen, da sie sonst für immer verloren wären. Sie schrieb an Pearson:

»[Ihr Brief] hat mir die frühe amerikanische Szene wieder vor Augen geführt, als nach diesem débacle am Wabash College fast jeder, den ich in Philadelphia kannte, gegen ihn war. Erich sagte immer, ich würde ›etwas verbergen‹. Es war all *das,* meine tiefe Liebe zu Ezra, kompliziert durch die Verständnislosigkeit der Familie (& Freunde) – meine innere Spaltung – nach außen hin machte ich weiter, nachdem Ezra (1908) nach Venedig gefahren war. Ich habe darüber geschrieben, & Erich hat mir geholfen... Ich *habe* ein Leben in den USA gehabt...

Auf meinem Tisch stapeln sich E. P.-Bücher. Ich mußte versuchen, sie zu verbergen – & über alles sprechen, außer was mich am tiefsten betraf... Es hat mich so *glücklich* gemacht, die *E. P.*-›Story‹ zu schreiben – sie darf mir nicht weggenommen werden ... armer, armer Ezra. Erst jetzt, mit der Hoffnung auf seine Entlassung, wage ich zurück- & weiterzugehen. ›Es ist so lange her‹, sage ich zu Erich. ›Nein‹, sagt er, ›es ist existentiell‹ (sein Wort), ›ewig‹.«

Das »Existentielle« an *Das Ende der Qual* wird noch unterstrichen durch die Tagebuchform, die die Erinnerungen mit den Umständen des Sich-Erinnerns mischt und H. D. erlaubt, die Anklänge zwischen Vergangenheit und Zukunft festzuhalten. Sie entsinnt sich, wie der junge Ezra sie an Paderewski erinnerte, den sie als junges Mädchen in einem Konzert gehört hatte; und ein rothaariges Kind, das sie auf einem Bahnhof sieht, oder ein junger Pianist (Van Cliburn) auf Europatournee wird zu dem »Geisteskind«, das sie und Ezra hätten bekommen können. Von der Form ähnelt *End to Torment* ihrem *Tribute to Freud,* einem Tagebuch-Essay über ihre Psychoanalyse und ihren eigenen mythischen Zugang zu psychischen Rätseln. *Das Ende der Qual* kann als eine persönliche Fortsetzung von *Huldigung an Freud* gelesen werden, und ironischerweise steht es methodisch in scharfem Gegensatz zu der entschieden unpersönlichen, intellektuellen Haltung Pounds. H. D. spielt ehrerbietig und belustigt auf einen Brief von Pound an, in dem er ihr das Interesse an dem »Schweinestall« der Freudschen Psychologie ankreidet.

Durch die Aufzeichnungen zieht sich H. D.s Überzeugung, daß ihr und Ezras Leben unwiderruflich miteinander verflochten sind seit jenen frühen Zeiten, als sie, *maenad and bassarid,* als Mänade und Bassarid zusammen durch die Wälder von Pennsylvania streiften und er für sie William Morris, Rossetti, Swinburne und sogar Chaucer nachempfundene Gedichte schrieb. Pound stachelte ihren eigenen Ehrgeiz an, Gedichte zu schreiben, und sein Pseudo-Bohemien-Verhalten, sein Pech bei seinem Versuch, ein respektabler Professor zu werden, und seine romantische Abreise nach Europa unter einer Wolke von Schmach schienen die tränenreichen historischen Romane wahrwerden zu lassen, die sie zusammen gelesen hatten. Ein paar Jahre später folgte sie ihm nur für einen Sommer, aus dem ein Leben wurde. »Ich wurde durch Ezra von meinen Freunden, meiner Familie, sogar von Amerika getrennt.« Die Beschäftigung mit Berichten über Pounds Internierung in St. Elizabeth's und seine möglicherweise unmittelbar bevorstehende Entlassung lenken ihre Gedanken paradoxerweise heimwärts und binden sie wieder an Amerika: »Ich fühle mich so sehr als Amerikanerin im Pro-Ezra-Sinn, obwohl es ihm so schlimm ergangen ist.«

Als sie das Tagebuch schrieb, aus dem *End to Torment* entstand, versorgten ihre Freunde sie laufend mit Nachrichten aus Amerika und Berichten über Besuche in der *Ezuversity,* wie Pound seinen Kreis im St. Elizabeth's Hospital nannte. Erich Heydt war auf einer Amerikareise dort gewesen; Richard Aldington, ihr früherer Mann, schickte einen Artikel aus *The Nation (Weekend with Ezra Pound)*, in dem Pound mit mitfühlendem Verständnis behandelt wurde. Sie stieß auf einen anderen Aufsatz in der deutschen Zeitschrift *Merkur* und las die Leserbriefe in *Poetry,* in denen Pound gegen politische Verleumdung verteidigt wurde. Alles schien darauf hinzudeuten, daß sich die Atmosphäre seit dem Krieg verändert hatte und daß Pound bald freigelassen werden konnte. In ihrer letzten Eintragung zitiert sie einen Brief von Pearson, in dem er von seinem Abschiedsbesuch bei den Pounds in einer Kabine der *Cristoforo Colombo* erzählt, die kurz darauf nach Italien auslief.

H. D.s Version der Vergangenheit und der Gegenwart ist in charakteristischer Weise enigmatisch und emotional transzendent. »Es ist eher das Empfinden von Dingen als das, was die Leute tun. Es zieht sich wirklich durch alle Dichter der Welt. Einer von *uns* war erwischt worden. Jetzt ist einer von *uns* frei.« Das Tagebuch endet mit Pounds Freiheit und einer Rose, die Pearson in H. D.s Namen übergibt »für das *Paradiso*«. In den folgenden Monaten schickte H. D. das Manuskript Pound zur Stellungnahme auf die Brunnenburg in Italien, und er antwortete mit ein paar Vorschlägen und der Bemerkung: »Darin ist viel Schönheit«. Einige Tage später fügte er ein bewegendes Postskriptum hinzu: »Qual-Titel ausgezeichnet, aber optimistisch.«

Norman Holmes Pearson ermutigte H. D., die Aufzeichnungen zu vervollständigen, und war dabei, sie zur Veröffentlichung vorzubereiten, als er 1975 starb. (Das Manuskript gehört jetzt zur Yale Collection of American Literature in der Beinecke Rare Book and Manuscript Library.) H. D. hatte E. P. geschrieben: »Ich habe es ›Norman‹ gewidmet, *er wollte, daß ich es schreibe.*«

Während die kurze Erinnerung, die sie 1950 für ein Buch geschrieben hatte, das Peter Russell zu Pounds 65. Geburtstag herausgab, ein Fehlschlag gewesen war und nie veröffentlicht wurde, ist es Pearsons Aufmerksamkeit und Energie zu danken, daß es dieses ausführlichere Zeugnis der Freundschaft von zwei der bedeutendsten Dichter dieses Jahrhunderts gibt.
Diese Veröffentlichung wurde vom Center for the Study of Ezra Pound and His Contemporaries in der Beinecke Library der Yale University gefördert. Ich danke Donald Gallup und Louis Martz für ihren Rat und ihre Hilfe bei der Fertigstellung dieses Textes.

Anmerkungen

Zu: Renate Stendhal, »Schreiben oder Sterben« – H. D.

S. 7 *Biographin Barbara Guest* Guest, Barbara, *Herself Defined. The Poet H. D. and Her World*. New York: Doubleday & Company 1984
S. 8 *Schreiben* H. D.s Lebensgefährtin Bryher berichtet in ihrer Autobiographie *The Heart to Artemis: A Writer's Memoirs* (New York 1962, S. 110), wie sie einmal, zu Anfang ihrer Beziehung, H. D. beim Schreiben unterbrochen habe: »...sie zerriß die Seite, die sie gerade angefangen hatte. Ich sammelte demütig die Fetzen auf, klebte sie wieder zusammen und unterbrach nie wieder.«
S. 8 *»Entdeckung« durch Ezra Pound* »Ich kritzelte ... ziemlich freie Verse, die vers libre gewesen sein mögen, aber ich hatte noch nie von vers libre gehört, bevor ich von Ezra Pound entdeckt wurde.« Brief von H. D., zit. in: Hughes, Glenn, *Imagism and the Imagists*. Stanford 1931, S. 110
S. 8 *»puritanischen Väter...«* Aus: H. D., *Tribute to Freud*. New York 1956. – Dt. u. d. T.: H. D., *Huldigung an Freud. Rückblick auf eine Analyse*. Mit d. Briefen von Sigmund Freud an H. D. Übers. u. mit e. Einl. von Michael Schröter. Berlin: Ullstein 1976 (Nr. 3217), S. 62
S. 8 f. *»Ein großer, hagerer Mann...«* Williams, William Carlos, *The Autobiography of William Carlos Williams*. New York 1948, S. 67
S. 9 *»Sie liebt...«* Aus: H. D., *Huldigung* a.a.O., S. 63
S. 9 *The Gift* New York: New Directions 1982
S. 9 *»eine Enttäuschung...«* Zit. in: Guest, Barbara, a.a.O., S. 22
S. 9 *»die sich abseits...«* Aus Briefen an William Carlos Williams, zit. in: Guest, Barbara, a.a.O., S. 5f.
S. 9f. *»Sie hatte etwas...«* In: Williams, William Carlos, a.a.O.
S. 10 *»die Metamorphose«* Vgl. S. 54
S. 10 *»Eine Art ›rigor mortis‹...«* Vgl. S. 80
S. 11 *›HERmione‹* In *HERmione* (New York: New Directions 1981) beschreibt H. D. ihre gleichzeitige Liebe zu Ezra Pound und Frances Gregg.
S. 11 *›Sea Garden‹* London 1916
S. 12 *»Aber noch keine Göttin...«* Zit. in: Guest, a.a.O., S. 32
S. 12 *›The Buffoon‹* Wilkinson, Louis, *The Buffoon*. New York 1916
S. 12 *»Ich habe allen Glauben...«* Zit. in: Guest, a.a.O., S. 79f.

S. 12   ›No Tomorrow‹   New York und London 1929
S. 12   »Sie ist eine Person...«   Zit. in: Guest, Barbara, a.a.O., S. 73
S. 13   ›Bid Me to Live‹   New York 1960
S. 13   ›Eros‹   In: H.D., *Collected Poems*. New York: New Directions 1983, S. 318
S. 14   ›Envy‹   Ebd., S. 321
S. 14   *Sämtliche Heldinnen*   Zum Beispiel: »Hipparchia«, »Murex«, »Secret Name« in: *Palimpsest* (Paris, Boston 1926), *Hedylus* (Boston, Oxford 1928), *Bid Me to Live* (a.a.O.)
S. 14f.   »Sie sieht...«   Vgl. Patmore, Brigit, *No Tomorrow*, a.a.O.
S. 15   *O Gott...*   Aus: *The Master* in: *Coll. Poems*, a.a.O., S. 456
S. 15   »Ich hatte...«   Ebd., S. 453
S. 15   *Havelock Ellis*   In: *The Fountain of Life*. Boston 1930
S. 16   *zu einer erfolgreichen Schriftstellerin*   Bryher schrieb in erster Linie historische Romane und ihre eigenen Memoiren, s. oben.
S. 16   *als Mäzenin*   U.a. *Close-Up* (1927–33), *Life and Letters Today* (1935–50).
S. 17   »Bryher schien...«   In: Brief an Norman Holmes Pearson, 1953
S. 19   *Halcyon*   In: H.D., *Collected Poems*, a.a.O., S. 270
S. 20   »*Zeitalter des Mythos*«   Vgl. Watts, Harold D., *H.D. and the Age of Myth*. In: *The Swanee Review* 56 (1948), S. 287ff.
S. 20   »*aus ihrem Schweinestall*«   Vgl. S. 67
S. 20   *Übersetzungen*   *Choruses from the Iphigeneia in Aulis and the Hippolytos of Euripides*. London 1919; *Euripides' Ion*. London, Boston, Toronto 1937
S. 20   *ihre »erfrorenen Gefühle«*   Zit. in: Guest, a.a.O., S. 136
S. 20   *sie »spalte den Geist...«*   In: Vorwort zu H.D., *Collected Poems*, a.a.O., S. XXI
S. 20   ›*Newsweek*‹-*Kritik*   Guest, Barbara, a.a.O., S. 321
S. 20f.   *Conrad Aiken*   Vgl. Guest, Barbara, a.a.O., S. 216
S. 21   *Amy Lowell*   In: *Tendencies in Modern American Poetry*. New York 1917
S. 21   »Ich halte...«   Zit. in: Guest, Barbara, a.a.O., S. 214
S. 21   »*Schreiben ist...*«   Ebd., S. 269
S. 21   *Ich wußte...*   *Star of Day* (1961) in: *Hermetic Definition*. New York: New Directions 1972, S. 49
S. 22   ›*Borderline*‹   H.D., *Borderline: A Pool Film with Paul Robeson*. London: Mercury Press 1930
S. 22   *Gertrude Stein*   Ihr Beitrag war ein Drehbuch: *Three Sitting There*. Vgl. Guest, Barbara, a.a.O., S. 190

S. 22 ›Kenwin‹ Eine Zusammensetzung aus den Vornamen KENneth und WINifred.

S. 22 *Macphersons Interesse* Kurioserweise hatte Macpherson den Schnitt von *Borderline* bereits Bryher und H. D. überlassen.

S. 22 f. »*Und die Schweizer*« Vgl. Guest, Barbara, a.a.O., S. 203

S. 23 *weil sie sich...* In: Brief an Bryher, 1933

S. 23 »*Wassermann-Wissenschaft...*« In: Brief an Silvia Dobson, 1935

S. 24 *mit einer Analysestunde* Bryher, die die Psychoanalytische Gesellschaft finanziell unterstützte, bezahlte H. D.s Analyse mit 25 Dollar pro Stunde. Das Monatsgehalt einer Sekretärin betrug laut Barbara Guest zur selben Zeit 20 Dollar.

S. 24 »*Magie ist Dichtung...*« In: Brief an Bryher, 1953

S. 25 *The Master Collected Poems*, a.a.O., S. 458

S. 25 *Kriegs-Gedicht-›Trilogie‹ The Walls Do Not Fall*. London, New York 1944; *Tribute to the Angels*. London, New York 1945; *The Flowering of the Rod*. London, New York 1946. Zusammengefaßt in: *Trilogy*. New York: New Directions 1973

S. 25 *Norman Holmes Pearson* Pearson wurde später der Berater der Yale Collection of American Literature.

S. 26 *Tischrücken* 1946 erlitt H. D. auf der Suche nach Beweisen für eine außerirdische Existenz infolge allzu intensiver Trancen einen Nervenzusammenbruch, der mit Elektroschocks behandelt wurde.

S. 26 ›*Helen in Egypt*‹ New York: New Directions 1961

S. 26 *Eliza M. Butler The Fortunes of Faust*. Cambridge 1952

S. 27 »*Helena von Troja...*« In: *Helen in Egypt*, a.a.O., S. 1

S. 27 »*Der Pfeil der Liebe...*« Ebd., S. 303

S. 27 *Veröffentlichungen* 1956 wurde *Tribute to the Angels* wiederaufgelegt und *Tribute to Freud* erschien; 1957: *Selected Poems*. New York, Toronto; 1958: Edith Sitwells Anthologie, *Atlantic Book of British and American Poetry* (Boston), enthielt Gedichte von H. D.; 1960: *Bid Me to Live*; 1961: *Helen in Egypt*.

S. 27 *Ehrungen* 1956: Harriet Monroe Prize; Feier anläßlich ihres 70. Geburtstags an der Universität Yale. 1959: Brandeis Award und Longview Award. 1960: Auszeichnung des Bryn Mawr College (Philadelphia) und Gold Medal Award der American Academy of Arts and Letters.

S. 28 *Sheri Martinelli* Eine der ersten Frauen unter den Beatniks.

S. 28 »*das, was höchst real ist...*« Zit. von Horace Gregory im Vorwort zu *Helen in Egypt*, a.a.O., S. IX

Zu: Das Ende der Qual (Für die deutsche Ausgabe leicht erweitert.)

S. 33 *[Küsnacht]* Zur Zeit der Niederschrift von *Das Ende der Qual* (1958) war H. D. Patientin in Dr. Brunners Nervenklinik in Küsnacht bei Zürich, wo sie seit 1953 bis zur Schließung der Klinik, 1961, mit Unterbrechungen lebte. Die Klinik bestand aus fünf Gebäuden, u. a. »Villa Verena« (Seestr. 174), wo H.D. wohnte, und »Haus zur Geduld« (Theodor-Brunner-Weg 5).

S. 34 *Paderewski* Polnischer Pianist und Komponist (1860–1941)

S. 34 *Swinburne* Algernon Charles Swinburne (1837–1909), englischer Dichter, der den Präraffaeliten nahestand.

S. 35 *»Haie! Haie! Io«* Aus: *The Return*. Dt. u. d. T. *Heimkehr* in: Pound, *Personae – Masken*. Übers. von Eva Hesse. Zürich: Arche 1959, S. 111

S. 35 *Erich [Heydt]* Dr. Erich Heydt, H.D.s Freund und Arzt, Oberarzt in Dr. Brunners Nervenklinik.

S. 35 *in einer neuen deutsch-englischen Ausgabe* Pound, *Dichtung und Prosa*. Hg. und übers. von Eva Hesse. Berlin: Ullstein 1956 (Nr. 129)

S. 35 *›imagistisch‹* Pound hatte *Poetry* (Chicago) H.D.s erste Gedichte unter der Signatur »H. D. Imagiste« vorgelegt und damit Hilda Doolittle mit einem Pseudonym und die »imagistische« Bewegung mit einem formellen Namen versehen.

S. 36 *Weekend with Ezra Pound* Dieser Artikel von David Rattray, auf den sich H.D. in *Das Ende der Qual* immer wieder bezieht, wurde, wie sie bemerkt, in *The Nation* vom 16. Nov. 1957, S. 343 ff. veröffentlicht. In diesem Artikel berichtet David Rattray, der damals provenzalische Literatur studierte, von zwei Tagen bei Ezra Pound im St. Elizabeth's Hospital in Washington, D. C. Unter den weiteren Anwesenden bei seinen Gesprächen mit Pound waren Dorothy Pound, Jean Marie Châtel und David Horton. Der Artikel erschien erstmals auf dt. u. d. T. *Der rappelköpfige Anhang* in: Hesse, Eva, *Ezra Pound. 22 Versuche über einen Dichter*. Frankfurt: Athenäum 1967, S. 401 ff. – Abdruck vgl. S. 142 ff. mit freudlicher Genehmigung von Herausgeberin und Verlag. H.D. zitiert den Artikel nicht immer wörtlich.

S. 36 *Joan [Waluga]* Nichte von Doris Banfield, der Mitbesitzerin von Bryhers Farm Trenoweth in Cornwall. Bryher ermöglichte ihr den Aufenthalt in Dr. Brunners Klinik in Küsnacht, wo sie H.D.s Vertraute wurde.

S. 36 *Wyndham Lewis* (1884–1957), englischer Schriftsteller und Maler. War mit Pound befreundet, von dem er mehrere Porträts malte.

S. 36 *Richard Aldington* (1892–1962), englischer Dichter, Essayist und Übersetzer. H. D. und Aldington heirateten 1913, trennten sich 1919 und wurden 1938 geschieden. Aldington war neben Pound und H. D. Mitglied der Dichtergruppe der »Imagisten«.

S. 36 *Dorothy* Dorothy Shakespear (1886–1973); Pound lernte sie 1909 in London kennen, sie heirateten 1914.

S. 36 *Yeats* William Butler Yeats (1865–1939), irischer Dichter und Dramatiker. Nobelpreis 1923.

S. 37 *Olivia Shakespear* (gest. 1938), Romanschriftstellerin; hatte einen literarischen Salon; Muse von Yeats.

S. 37 *Violet Hunt* (1866–1942), englische Biographin und Romanschriftstellerin, Tochter des präraffaelitischen Malers Alfred William Hunt, wuchs im »Rossetti-Kreis« auf. Freundin von Ford Madox Hueffer.

S. 37 *Ford Madox Hueffer* (1873–1939), englischer Schriftsteller, Enkel des präraffaelitischen Malers Ford Madox Brown. Nannte sich ab 1919 Ford Madox Ford.

S. 37 *»ein Spüren...«* Das Gedicht *Ezra Pound in Paris and Elsewhere* von Ramon Guthrie erschien zusammen mit Rattrays Artikel in *The Nation* vom 16. Nov. 1957, S. 345. Ramon Guthrie war Rattrays Professor in Dartmouth.

S. 38 *Gaudier-Brzeska* Henri Gaudier-Brzeska (1891–1915), Bildhauer und Freund von Ezra Pound in London; fiel im Ersten Weltkrieg. Pounds Studie über sein Werk, erstmals 1916 veröffentlicht, erschien 1960 in einer revidierten und erweiterten Ausgabe u. d. T. *Gaudier-Brzeska: A Memoir* bei New Directions.

S. 38 *Der Dichter im eisernen Käfig* H. D. spielt auf den Titel eines Artikels an: Holthusen, Hans Egon, *Der Dichter im eisernen Käfig* in: *Merkur* 9 (Jan. 1955), S. 77ff. Vgl. S. 48

S. 39 *Bryher* Das (später amtlich anerkannte) Pseudonym von Winifred Ellerman (1894–1982), einer englischen Schriftstellerin und Freundin von H. D.

S. 39 *that walketh by night* Bezieht sich auf das Motto einer amerikanischen Rundfunkserie, *The Whistler* (»I know the nameless terror that walketh by night«).

S. 39 *Klinik Hirslanden* Klinik in Zürich, wo Hilda Doolittle 1956 wegen eines Schenkelhalsbruchs behandelt wurde und wo sie 1961 starb.

S. 40 *Frances Gregg* Frances Josepha Gregg (1884–1941), Jugendfreundin von H. D. aus Philadelphia. 1911 reisten sie zusammen nach Europa.

S. 41 »*Louis*« Louis Umfreville Wilkinson (1881–1966), Universitätslektor und Schriftsteller.

S. 42 *George Plank* Freund von H. D. aus Philadelphia; Illustrator, der für sie ein Exlibris entwarf.

S. 42 *May Sinclair* (1870–1946), englische Schriftstellerin. *The Divine Fire* wurde 1904 in London veröffentlicht.

S. 44 *Norman Douglas* (1868–1952), englischer Schriftsteller und Literaturkritiker.

S. 45 *St. Elizabeth's Hospital* Gemeint ist St. Elizabeth's Hospital for the Criminally Insane in Washington, D. C., die Anstalt, in der Pound 1946–58 interniert war.

S. 46 *Séraphîta* Mystische Novelle von Balzac, die 1835 erstmals veröffentlicht wurde. Die Hauptperson ist eine androgyne Gestalt, die abwechslungsweise Séraphîta oder Séraphîtus genannt wird. Ein großer Teil des Buches ist der Erklärung der theosophischen Lehre Swedenborgs gewidmet.

S. 46 *10ème Jour lunaire* Dieses Gebet zitiert H. D. aus Ambelain, Robert, *Le Kabbale pratique*. Paris 1951, S. 220.

S. 47 »*... Profil einer Raubkatze*« Aus: Demetz, Peter, *Marginalien: Ezra Pounds ›Pisaner Gesänge‹*, in: *Merkur* 12 (Jan. 1958), S. 97 ff. Abdruck mit freundlicher Genehmigung S. 157 ff. In diesem Artikel mischen sich Kommentare zu den *Pisaner Cantos* mit einem Bericht über Demetz' Besuch im St.Elizabeth's Hospital. Demetz beschreibt Pounds Profil als das einer »Raubkatze« und nennt ihn »den heimlichen Kaiser der amerikanischen Dichtung«.

S. 49 *15ème Jour lunaire* Aus: Ambelain, Robert, *Le Kabbale pratique*, a.a.O., S. 222

S. 49 *A Lume Spento* Venedig: A. Antonini 1908

S. 50 *Sie forderten ihn auf...* Pound war von 1907–08 Assistenzprofessor für romanische Sprachen am Wabash College in Crawfordsville, Indiana. Er paßte nicht so recht ins Milieu dieser kleinen Hochschule in Indiana (später schrieb er, man sei dort der Ansicht gewesen, er sei zu sehr der »Typ des Bohémien«; vgl. Stock, Noel, *The Life of Ezra Pound*. New York: Pantheon 1970, S. 43). Man forderte ihn auf, von seinem Posten zurückzutreten, nachdem seine Vermieterin eine Frau in seinem Zimmer gefunden hatte.

S. 51 *Mary Moore* Pound widmete ihr den Gedichtband *Personae*.

S. 54 *Maenad, bassarid* Eigentlich »Maelid and bassarid among lynxes«, »Mäliden und Bassariden unter Luchsen« aus dem »Luchs-Hymnus« von *Canto 79*. Dt. in: Pound, *Pisaner Cantos*. Übers. von Eva Hesse. 2. Aufl. Zürich: Arche 1969, S. 135

S. 54 »*Zauberbann von alter Gottheit*« Aus: *Cino* in: *A Lume Spento*, 1908. Dt. in: *Personae*, a.a.O., S. 17

S. 56 *Hermes of the Ways* In: H. D., *Collected Poems 1912–1944*. Hg. von Louis L. Martz. New York: New Directions 1983, S. 37 ff.

S. 56 *Harriet Monroe* (1860–1936), amerikanische Dichterin und Herausgeberin der Literaturzeitschrift *Poetry: A Magazine of Verse*, die erstmals 1912 in Chicago erschien.

S. 57 *Vidal* Peire Vidal, altprovenzalischer Sänger. Vgl. *Canto IV* in: Pound, *Cantos I–XXX*. Übers. von Eva Hesse. Zürich: Arche 1964, S. 31 ff. sowie *Peire Vidal im Alter* in: *Personae*, a.a.O., S. 51 ff.

S. 57 *There is a stir* Canto LXXIX in: *Pisaner Cantos*, a.a.O.,S. 135

S. 62 *Usura* Vgl. *Usura-Cantos XLV und LI*. Engl.-dt. Ausgabe. Übers. und komm. von Eva Hesse. Zürich: Arche 1985

S. 62 *Gold on her head...* Aus: *The Eve of Crecy* in: Morris, William, *The Collected Works*. London: Longmans 1910, S. 94 *(The Defense of Guinevere)*

S. 62 *William Morris* (1834–1896), den Präraffaeliten nahestehender Dichter; Multitalent, entwarf die berühmten Morris-Tapeten, verfaßte politische Schriften und besaß eine Buchdruckerpresse.

S. 62 *The Gilliflower of Gold* In: Morris, William, a.a.O., S. 90 ff.

S. 62 *Two Red Roses across the Moon* In: ebd., S. 129 ff.

S. 62 *The Defense of Guinevere* In: ebd., S. 1 ff.

S. 62 *Heaven and Hell* Bezieht sich auf William Blake (1759–1827), *The Marriage of Heaven and Hell* (1790). Setzt sich darin mit Swedenborg auseinander.

S. 62 *Whistler* James Abbot McNeill Whistler (1834–1903), amerikanischer Maler, lebte in Paris und London. Nach seinem verlorenen Prozeß gegen den führenden Kunstkritiker Ruskin schrieb er *Ten O'Clock* (1888), eine Darstellung seiner ästhetischen Theorien.

S. 63 *The Haystack in the Floods* Dramatisches Gedicht von William Morris in: *The Collected Works*, a.a.O., S. 124 ff., das von Liebe und Verrat im Hundertjährigen Krieg in Frankreich handelt.

S. 63 *Isolde- und Tristan-Geschichte* *The Romance of Tristram and Iseult*. Nacherzählt von J. Bedier, ins Engl. übertr. von H. Belloc. Portland, Me.: Thomas Bird Mosher 1907

S. 63 *The Gadfly* New York 1897. Historischer Roman von Ethel Voynich (1864–1960), der sich in der Mitte des 19. Jh. in Italien abspielt, gegen die Kirche gerichtet. Der Held, der uneheliche Sohn eines italienischen Prälaten, ist in revolutionäre Aktivitäten verwickelt und veröffentlicht außerdem unter dem Pseudonym »The Gadfly« politische Schmähverse für die republikanische Bewegung. Als

Unterschrift zeichnet er eine Bremse mit ausgebreiteten Flügeln. Er ist leicht verkrüppelt und verbrachte in seiner Jugend einige Zeit als *zany* (Hanswurst, von ital. *zanni;* Anm. d. Übers.) in einem Wanderzirkus. Er wird schließlich gefangen, vors Kriegsgericht gestellt und hingerichtet.

S. 65 *die Originalausgabe* Zürich: Arche 1953

S. 66 *Mary de Rachewiltz* Tochter von Ezra Pound und Olga Rudge, geb. 1925, lebt heute auf der Brunnenburg in Tirol.

S. 67 *Schweinestall* 1954 hatte Pound H. D. im Zusammenhang mit Freud geschrieben: »Du bist in den falschen Schweinestall geraten, ma chère. Aber es ist noch nicht zu spät dazu, herauszuklettern.« Zitiert in Pearsons Vorwort zu *Tribute to Freud.* Boston: David R. Godine 1974, S. XIV. (In der dt. Ausgabe nicht vorhanden.)

S. 67 *Motive and Method* Leary, Lewis (Hg.), *Motive and Method in the Cantos of Ezra Pound.* New York 1954

S. 67 *Schwester M. Bernetta Quinn* *The Metamorphoses of Ezra Pound* in: Leary, Lewis, a.a.O., S. 60 ff.

S. 68 *Frobenius* Leo Frobenius (1873–1938), deutscher Kulturanthropologe und Archäologe. Vgl. Davenport, Guy, *Pound and Frobenius* in: Leary, a.a.O., S. 33 ff. Dt. u. d. T. *Frobenius auf Pounds Sextant* in: Hesse, Eva, *22 Versuche...,* a.a.O., S. 186 ff.

S. 70 *einen Tribut* H. D. bezieht sich auf: Russell, Peter (Hg.), *An Examination of Ezra Pound.* New York: Gordian Press 1950. Als Antwort auf Peter Russells Bitte um einen Beitrag zu Ehren von Pounds 65. Geburtstag schrieb H. D. einen Brief, der einen kurzen Bericht über Pound enthielt, den Keim zu *Das Ende der Qual.* Der Brief wurde nie veröffentlicht und wurde schließlich an H. Alan Clodd und dann an Norman Holmes Pearson verkauft. Er liegt jetzt in der Collection of American Literature, Beinecke Library, Yale University.

S. 70 *Hilda Book* Veröffentlicht als Anhang zu der amerikanischen Ausgabe des vorliegenden Buches, S. 68 ff.

S. 71 *Andrew [Gibson]* Ein junger Lehrer von Suffolk, mit Frances Gregg befreundet.

S. 71 *San Cristoforo provided transport...* Aus: *Canto 93.* Übers. von Eva Hesse.

S. 72 f. *M'elevasti...* Dieses sowie die folgenden Zitate aus: *Canto XC* in: *Cantos 1916–1962.* Eine Auswahl. Engl.-dt. Ausgabe. Hg. und übers. von Eva Hesse. München: dtv 1964, S. 169 ff.

S. 73 *Le Paradis n'est pas artificiel...* Aus: *Canto 92.* Übers. von Eva Hesse.

S. 74   *leucos, Leucothea*   Aus: *Canto 95*. Übers. von Eva Hesse.
S. 74   *Miss Martinelli*   Sheri Martinelli, amerikanische Malerin, mit der Pound während der Zeit im St. Elizabeth's Hospital befreundet war.
S. 74   *mortal once*   Aus: *Canto 95* (vgl. *Odyssee*, V, 344 f.). Übers. von Eva Hesse.
S. 74   *Leserbrief   An Exchange* in: *Poetry* XCI, 3 (Dez. 1957), S. 209 ff. Die Korrespondenz bezieht sich auf die schlechte Qualität der Niederschrift des F. B. I. von Pounds Sendungen bei Radio Rom und auf die daraus entstehende Berechtigung der gegen ihn erhobenen Anklage auf Hochverrat.
S. 74   *[William Rose] Benét*   (1886–1950), amerikanischer Dichter, wie H. D. aus Bethlehem, Penn. gebürtig. H. D. lernte 1937 in seinem Haus in New York Norman Holmes Pearson kennen.
S. 75   *Helen and Achilles*   Erschien u. d. T. *Helen in Egypt*. New York: Grove Press 1961
S. 77   *Pomona, Pomona*   Aus *Canto 79*. Deutsch in: *Pisaner Cantos*, a.a.O., S. 133
S. 77   *Cristo Re, Dio Sole*   Aus: *Canto 83*, ebd., S. 217
S. 78   *Sylvia [Beach]*   Inhaberin der berühmten Buchhandlung ›Shakespeare and Company‹ in der Rue Dupuytren (seit 1921 in 12 Rue de l'Odéon) in Paris.
S. 78   *Adrienne Monnier*   Freundin von Sylvia Beach; war ebenfalls Inhaberin einer französischen Buchhandlung in Paris, schräg gegenüber von 12 Rue de l'Odéon.
S. 79   *This fruit*   Aus: *Canto 79* in: *Pisaner Cantos*, a.a.O., S. 133
S. 80   *Schloß*   Die Brunnenburg in Tirol. Vgl. Foto von Mary de Rachewiltz in: Hesse, Eva, *Ezra Pound*. München: Kindler Verlag 1978, S. 464
S. 80   *Sister Helen*   Ballade von D. G. Rossetti. Dt. u. d. T. *Schwester Helen* in: Hoffmann, Gisela (Hg.), *Englische und amerikanische Balladen*. Stuttgart: Reclam 1982, S. 307 ff. Hier irrt H. D.: Es ist der kleine Bruder, der vom Balkon herunterblickt.
S. 81   *Andrew Langs Theokrit-Übersetzung*   Andrew Lang (1844–1912), schottischer Dichter, Historiker und Übersetzer, anfänglich von Rossetti beeinflußt. – *Theocritus, Bion and Moschus*. Englische Prosafassung mit einer Einleitung von A. Lang, London, New York: Macmillan 1889
S. 81   *Bion und Moschus*   Bion: griechischer Dichter aus Smyrna im 2. Jh. v. Chr., Imitator von Theokrit. Moschus: griechischer Dichter aus Syrakus im 2. Jh. v. Chr., Schüler des Bion.

S. 81   O hyacinth... Aus: *The Shepherd* in: H. D., *Collected Poems*, a.a.O., S. 335

S. 81   *In der neuen Auswahl*   Gemeint ist die Ausgabe von *Motz el son. Essays*. Zürich: Arche 1957 (Foto nach S. 16)

S. 82   *in dem kleinen Buch*   Gemeint ist *A Lume Spento*, 1908–1958. Mailand: Vanni Scheiwiller 1958. Eine Auswahl von Pounds ersten veröffentlichten Gedichten, zusammen mit einigen Gedichten aus dem *San Trovaso Notebook* von 1908.

S. 82   *a sheaf of hair*   Aus: *Canto IV* in: *Cantos I–XXX*, a.a.O., S. 31

S. 83   *Robert Frost*   (1874–1963), amerikanischer Dichter aus Neuengland.

S. 83   *Auden*   W(ystan) H(ugh) Auden (1907–1973), englischer Dichter; einer der Juroren, die Pound 1949 den Bollingen Preis zusprachen.

S. 84   *Venetian Night Litany*   In: *A Quinzaine for this Yule* (1908). Dt. u. d. T. *Nacht-Litanei* in: *Personae*, a.a.O., S. 43 ff. Das eigenhändig geschriebene Manuskript, das H. D. erwähnt, wurde in *A Lume Spento*, 1908–1958, a.a.O., als Faksimile abgedruckt.

S. 86   *she danced*   Aus: *Au Jardin* in: *Canzoni* (1911). Dt u. d. T. *Au Jardin* in: *Personae*, a.a.O., S. 79

S. 86   *no glass is clearer*   Vgl. Anm. zu S. 79. – Gilt auch für das folgende Zitat.

S. 86   *das kleine La Martinelli-Buch*   *La Martinelli*. Mailand: Vanni Scheiwiller 1956. Ein kleiner Band mit Gemäldereproduktionen, Vorwort von Ezra Pound.

S. 87   *D. G. Rossetti*   Dante Gabriel Rossetti (1828–1882), englischer Dichter und Maler italienischer Abstammung, gehörte zum Kreis der Präraffaeliten.

S. 87   *The Blessed Damozel*   In: Rossetti, D. G., *Poems and Translations*. London, New York 1912, S. 1 ff. Rossetti malte später ein Bild zu diesem Gedicht.

S. 87   *Dante in Verona*   *Dante at Verona* in: ebd., S. 46 ff.

S. 87   *Brancusi*   Constantin Brancusi (1876–1957), avantgardistischer Bildhauer in Paris, bei dem Pound zeitweilig Unterricht nahm.

S. 87   *Testa Invocatrice*   Vgl. *La Martinelli*, a.a.O., S. [2]

S. 87   *Patria*   Ebd., S. [19]

S. 87   *St. Elizabeth's Madonna*   Ebd., S. [15]

S. 93   *Emerson*   Ralph Waldo Emerson (1803–1882), amerikanischer Dichter, führendes Mitglied der Bewegung der Transzendentalisten.

S. 93   *Thoreau*   Henry David Thoreau (1817–1862), amerikanischer Schriftsteller, gehörte ebenfalls zu den Transzendentalisten.

S. 93 *Emily Dickinson* (1830–1886), amerikanische Dichterin, die fast ihr ganzes Leben zurückgezogen in ihrem Elternhaus in Amherst, Mass. verbrachte.

S. 93 *Square Dollar* Square Dollar Books, amerikanische Lehrbücher für Studenten.

S. 95 *Vidal* Aus: *Canto IV* in: *Cantos I–XXX*, a.a.O., S. 31

S. 96 *Nach dem Tod von Mrs. Shakespear* Olivia Shakespear starb 1938. Pound, *The Fifth Decad of Cantos*. London: Faber & Faber, New York: Farrar & Rinehart 1937

S. 96 *The Children's Crusade* Schwob, Marcel, *The Children's Crusade*. Ins Engl. übers. von H. C. Greene. Portland, Me. 1905. Prosagedichte aus der Sicht von am Kinderkreuzzug 1212 Beteiligten.

S. 97 *Make it new* Prinzip in Pounds Schaffen. Beruft sich auf die chinesischen Schriftzeichen Hsin min, die dem Ta-hsüeh voranstehen. Sie stammen aus der Proklamation an K'ang und bezeichnen zusammen mit dem Motto der T'ang: »Mach es neu, Tag für Tag, mach es neu« nichts anderes als die Revolution in Permanenz.

S. 100 *The Goodly Fere* In: *Exultations*, 1909, Dt. u. d. T. *Die Ballade vom Stattlichen Gefährten* in: Hoffmann, Gisela (Hg.), *Englische und amerikanische Balladen*, a.a.O., S. 451 ff.

S. 101 *Tudor indeed...* Canto LXXX. Deutsch in *Pisaner Cantos*, a.a.O., S. 183

S. 102 *Villon* Komposition von Pound zu Texten von François Villon. Bei der Uraufführung am 29. Juni 1926 in Paris spielte Olga Rudge Violine.

S. 102 *Olga Rudge* (geb. 1895), amerikanische Geigerin, lernte Pound 1922 in Paris kennen. Lebt heute in Venedig.

S. 104 *Klages* Klages, Ludwig, *Vom kosmogonischen Eros*. Jena 1930

S. 110 *Margaret [Snively]* Margaret Snively Pratt, Freundin von H. D. und Pound in Wyncote.

S. 110 *drei Ekstasen der Zeitlichkeit* Begriff aus Heidegger, *Sein und Zeit*.

S. 111 *some dull opiate* Vgl. Keats, *Ode to a Nightingale:* »Or emptied some dull opiate to the drains / One minute past, and Lethe-wards had sunk«, »oder vor einer Sekunde ein betäubendes Rauschgift bis zur Neige geleert hätte und lethewärts gesunken wäre«. Dt. u. d. T. *Ode an eine Nachtigall* in: Keats, John, *Gedichte und Briefe*. Übers. von H. W. Häusermann. Zürich: Manesse 1950, S. 139

S. 113 *Modern American Poetry* Hg. von Conrad Aiken. New York: Modern Library 1927

S. 114 *Anthologie* Pound, Ezra, und Spann, Marcella (Hg.), *Confu-*

cius to Cummings: An Anthology of Poetry. New York: New Directions 1964

S. 115 *[José Vasquez] Amaral* Freund von Pound und Sheri Martinelli; übersetzte die Cantos ins Spanische.

S. 116 *Evadne* In: H. D., *Collected Poems,* a.a.O., S. 132

S. 117 *der Heiligen Thérèse von Lisieux* Marie Françoise Thérèse Martin (geb. Alençon 1873, gest. Lisieux 1897), 1925 heiliggesprochen, seit 1927 Hauptpatronin aller Missionen.

S. 117 *The Lovesong* Gemeint ist Eliots *The Lovesong of J. Alfred Prufrock.* Dt. u. d. T. *J. Alfred Prufrocks Liebesgesang* in: Eliot, T. S., *Gedichte.* Engl.-dt. Ausgabe. Frankfurt: Suhrkamp 1964. Die letzten Zeilen lauten: »In Meergewölben ward uns Aufenthalt / Bei Nixen in rotbraunen Seetangs Winken, / Bis Menschenlaut uns weckt, und wir ertrinken.« (Dt. von Klaus Günther Just)

S. 119 *Histoire d'une âme* 1898 erstmals veröffentlicht. Dt. u. d. T. *Theresia vom Kinde Jesu, Geschichte einer Seele, v. ihr selbst verfaßt.* Nach d. frz. Original frei bearb. und übers. v. Gabriele v. Frentz-Gemmingen. 3. Aufl. Essen 1914

S. 120 *A Voice...* Welch, Denton, *A Voice Through a Cloud.* London 1951

S. 122 *Paradiso* Anspielung auf die Himmelsrose bei Dante.

Zu: Michael King, Der Sommer, aus dem ein Leben wurde

S. 123 »*Sie waren zusammen...*« Schaffner, Perdita, *Merano, 1962.* In: *Paideuma* 4, Nr. 2/3 (Herbst-Winter 1975), S. 513

S. 124 »*Ich möchte das herausarbeiten...*« Brief von H. D. an Norman Holmes Pearson, 3. Juni 1958. In der Collection of American Literature [C. A. L.], Beinecke Library, Yale University.

S. 125 »*noch zu den Journalisten dazu*« Brief von H. D. an Ezra Pound, 2. Januar 1959. C. A. L., Beinecke Library, Yale University.

S. 125 »*[Ihr Brief] hat mir...*« Brief von H. D. an Norman Holmes Pearson, 11. April 1958. C. A. L., Beinecke Library, Yale University.

S. 128 »*Darin ist viel Schönheit*« Brief von Ezra Pound an H. D., 6. November 1959. C. A. L., Beinecke Library, Yale University.

S. 128 »*Qual-Titel...*« Brief von Ezra Pound an H. D., 13. November 1959. C. A. L., Beinecke Library, Yale University.

S. 128 »*Ich habe es ›Norman‹ gewidmet...*« Brief von H. D. an Ezra Pound, 2. Januar 1959. C. A. L., Beinecke Library, Yale University.

David Rattray
Der rappelköpfige Anhang

Als ich in Washington eintraf, regnete es, und die düsteren roten Gebäude der St. Elizabeth-Anstalt wirkten auf mich besonders niederdrückend. Nachdem ich mich in der Zentrale eingeschrieben hatte, stieg ich die eiserne Wendeltreppe hinauf: wohin ich sah, Stahl und schmutziges Email, verschrammte, abblätternde Wände. Dann stand ich vor der schweren, schwarzen Tür zu Ezra Pounds Station und klingelte. Von drinnen vernahm ich Radiomusik.

Ein schwarzer Wärter mit einem großen, klirrenden Schlüsselbund ließ mich ein. Vor einem Fernsehapparat hatten sich ein halbes Dutzend Patienten neben der Tür versammelt. Es war ein sehr großer Saal, so düster wie ein U-Bahnhof. Bänke an den beiden Längswänden, auf denen Patienten saßen oder lagen. Türen zu Zimmern für jeweils zwei oder drei Personen standen offen, und es gab mehrere Nischen, wo Zimmer hätten sein können, und in ihnen Tische und Stühle. Dort konnte man verschiedene Spiele spielen. Als ich eintrat, saßen Pound und seine Frau mit einem jungen Schriftsteller, Jean Marie Châtel, und einer Malerin, Miss Martinelli, gerade in einer dieser Nischen beieinander.

Pound sprang vom segeltuchbespannten Liegestuhl auf und schüttelte mir die Hand. »Sie sind Rattray? Wie gut, daß Sie gerade in diesem Augenblick kommen« – unser John fing soeben an, mir lästig zu werden, und jetzt« – dabei legte er seine Hand auf den Stuhl neben dem seinen, auf dem Châtel noch immer saß – »setzt *er* sich dort drüben hin, und Sie sollen hier sitzen.« Châtel setzte sich ein wenig betreten auf einen Stuhl in der Ecke, auf der anderen Seite des runden Spieltisches. Pound nahm seinen Mantel von der Armlehne meines Stuhls und warf ihn ihm über den Tisch zu.

Dann setzte er sich wieder hin, lehnte sich, die Beine übereinandergeschlagen, zurück, genau wie auf dem Porträt, das Wyndham Lewis vor vielen Jahren von ihm malte. Sein Haar ist mittlerweile völlig weiß und fängt an, schütter zu werden. Er trug lohfarbene Shorts, ein paar Nummern zu groß, Tennisschuhe und ein kariertes Hemd über der Hose. Sein Gesicht sieht verwittert aus, wie das eines Mannes, der sein ganzes Leben lang im Freien gearbeitet hat. Die Hände mit den kräftigen Handgelenken sind grob und schwielig, die Fingernägel jedoch ordentlich und gerade geschnitten. Ich war vom Aussehen seiner Arme und Beine überrascht. Keine Spur von der Erschlaffung, die man sogar bei sehr sportlichen Männern in den Vierzigern und Fünfzigern beobachten kann. Die Griechen sprachen »vom Alter, das den Männern die Knieflechsen löst«, aber als ich Pound beobachtete, der mit den federnden Knien und den muskulösen Waden eines Athleten auf und ab ging, fielen mir ein paar Zeilen aus Ramon Guthries Gedicht »E. P. in Paris and Elsewhere« ein:

> Das ist kein Gehen.
> Das ist ein Pirschen, Schleichen
> Wie beim Jaguar oder Irbis
> zu Zagreus' Zeit, ein Spüren
> nach des Labyrinthes Plan...

Ehe es zu irgendeinem Gespräch kommen konnte, sprang Pound wieder auf: »Sie trinken doch Tee, nicht wahr?«
Ich sagte ja, und schon war er überall zugleich, in einem Wirbel von Aktivität, belud sich mit Marmeladegläsern verschiedener Größe, mit Blechdosen voll Zucker und Tee, mit Löffeln und einer Untertasse. Ich stand verlegen auf, wußte nicht, was ich tun sollte, aber Mrs. Pound gab mir aus ihrer Ecke her ein Zeichen: »Setzen wir uns doch hier zusammen und unterhalten uns, bis er den Tee gemacht hat.« Sie saß hinter einem klapprigen, alten Klavier, um die anderen im Saal nicht zu sehen und nicht von ihnen gesehen zu werden. Miss Martinelli arbeitete an Skizzen für ein Porträt von ihr.
Plötzlich stand Pound vor mir und reichte mir ein Erdnußbutterglas mit heißem Tee. Als wir uns wieder niedergelassen hatten, funkelte er mich von unten her an und sagte: »Was für spezifische Fragen hätten Sie denn? Oder sind Sie nur hier, um sich zu unterhalten? Das wäre mir genauso lieb.«
Also unterhielten wir uns leise. Pound trank einen Schluck Tee und lehnte sich mit geschlossenen Augen zurück. Ich nippte nervös von meinem Glas. Miss Martinelli arbeitete weiterhin unverdrossen an ihren Skizzen von Mrs. Pound; die beiden saßen vor den vergitterten Fenstern, zu denen der graue Tag durch ein Gewirr feuchter Weinranken, die sich um das Spalier der Stangen geschlungen hatten, unsicher hereinlugte. In der Nische war es düster, aber an der hohen Decke des Saals leuchtete eine nackte elektrische Birne in aller Grellheit. Châtel saß mit dem Rücken dazu und las, sein Gesicht hinter einer riesigen Zeitung, *Truth,* verborgen. Ich zog meinen Stuhl aus dem Bereich des Lichtkreises.

»D. P. hat ein schönes Gesicht«, sagte Miss Martinelli, »ich finde, sie hat ein schönes Profil, aber es ist so *schwer*... ja, natürlich, *darum* ist es schwer, Maestro...«

»Yes, Ma'am«, rief Pound, fuhr herum und setzte sich auf die Kante seines Liegestuhls.

»Wollen Sie sich die Zeichnung nicht mal ansehen?« Pound betrachtete sie, hielt sie ans Licht, kniff die Augen zusammen und meinte dann: »Ja, hat Ähnlichkeit.« Und warf sich heftig wieder in seine liegende Stellung zurück.

Ich erzählte ihm, daß ich für ein paar Wochen nach Dalmatien fahren wollte.

»Sie wollen also an die Küste ›Kahlmatiens‹? Weiß wirklich nicht, was zum Teufel Sie dort zu sehen bekommen, oder Sie etwa?« Ich antwortete, ich hätte Freunde in Split und in Dubrovnik. Einer von ihnen sei Maler; er wolle mir die mittelalterlichen Fresken zeigen.

»Ich an Ihrer Stelle würde der Sache gleich auf den Grund gehen und sie mir in der Türkei ansehen. Wie ich höre, hat man in letzter Zeit dort viel getan und sie freigelegt, wo die Türken sie übermalt hatten.« Er erzählte mir von einem Professor Pearson in Yale, einem Berater für die Reihe der Square Dollar Books (»amerikanische Lehrbücher für Studenten, die das Pferd nicht beim Schwanz aufzäumen wollen«) und der sich sehr für byzantinische Fresken interessiert. Er sprang auf und eilte in sein Zimmer, um mir Pearsons Adresse abzutippen.

»Sie können sich jederzeit mit ihm verabreden, wenn Sie jemals bei ihm vorbeikommen. Er wird Ihnen bestätigen, was ich Ihnen über das mittelalterliche Griechisch erzählt habe. Da gibt es noch völlig unerschlossene Gebiete, vieles ist bisher noch nicht einmal veröffentlicht, nicht durchgekaut, nicht kleingehackt... Sehen Sie, Sie sprechen hier mit einem alten Mann, der sein Griechisch niemals systematisch gelernt hat, aber Sie, Sie haben das Glück, es von Anfang an zu beherrschen. Immerhin verstehe ich soviel davon, daß ich guten Stil auf den ersten Blick erkennen kann, und Psellus' Stil, das ist siebtes oder achtes Jahrhundert, Psellus in der *Chronographia,* da schreibt er mit der Präzision, mit der Sparsamkeit Flauberts oder der Brüder Goncourt. Und Psellus' Wahrnehmungsvermögen war bereits soweit entwickelt wie das unsere. Er kennt den Unterschied zwischen echtem Kredit und *creatio ex nihil*... So, nächstes Jahr fahren Sie also nach Südfrankreich. Nun, ich habe versucht, gewisse Leute wachzurütteln und sie auf ein paar schlichte Tatsachen zu stoßen, die sollten sich lieber beeilen, damit sie nicht zu spät aufwachen, um noch irgend etwas zu *ändern*. Wenn Sie historische Studien treiben wollen, die wirklich aktuell sind, etwas, das noch nicht breitgewalzt wurde, dann nehmen Sie sich doch mal Bertran vor, Bertran de Born, meine ich, ›*Baros mettez en gatge*...‹ Sie wissen, was ich meine, ›Beleiht die Burgen, Herren!‹ Sie werden wahrscheinlich viel im Land umherwandern und die Burgen sehen, die, von denen er spricht – die *beliehenen*. Bertran erkannte einen Wucherer auf Anhieb – die Barone haben ihre Burgen beliehen, um auf die Kreuzzüge zu ziehen, das war's. Das wäre mal ein nützliches Forschungsobjekt, denn was Sie da Ihrem Leser sagen, könnte er auf die heutige Zeit anwenden – die Gegend leidet noch immer darunter, daß diese Leute ihr Land einst *en gatge* gegeben haben – Sie könnten das nachprüfen und den Lesern darüber berichten, was geschieht, wenn man seine Burgen an Juden verpfändet.«

Mrs. Pound unterbrach diesen Wortschwall, indem sie von ihren gemeinsamen Wanderungen durch Südfrankreich erzählte.

»Toulouse war immer unsere Ausgangsbasis. Toulouse selber ist zwar keine sonderlich interessante Stadt, aber mit der Zeit wächst sie einem ans Herz, und die Umgebung ist so schön und so voll von den Überresten der großen provenzalischen Vergangenheit wie nur irgendeine dort unten. Ich habe ihn auf den beiden letzten Wanderungen begleitet. Wir waren erst kurze Zeit verheiratet, sind mit unseren Rucksäcken kreuz und quer umhergezogen und haben unter freiem Himmel geschlafen, aber dann hat der Krieg all dem ein Ende gemacht.«

»Der alte Schrank wird wohl nicht mehr da sein«, sagte Pound, »zum Bersten voll mit pornographischen Büchern. Und der alte Père – ist tot. Wer mag denn noch alles am Leben sein?« Und damit begann er all seine Bekannten aufzuzählen, die noch in Frankreich lebten und sich für provenzalische Literatur interessierten: Laubiès, Vanderpyl, Pellizzi (»ein kultivierter Makkaroni«) und Brancusi (»wahrscheinlich schon meschugge, wenn er überhaupt noch lebt«) und wußte von jedem eine Anekdote.

»Und Sie *könnten* auch den ollen Aldington wegen Griechisch oder Provenzalisch aufsuchen, aber lieber nicht auf E. P. berufen; da machen Sie besser auf *jeune homme modeste*. Er wohnt jetzt, glaube ich, in Montpellier.«

Mrs. Pound wiederholte ihm noch einmal die Reihe der Dichter und Akademiker, zählte sie an den Fingern ab, und er ging in sein Zimmer hinüber und tippte ihre Namen und Adressen für mich.

Dann kam er zurück, und wir saßen eine Weile schweigend herum. Es war später Nachmittag. Miss Martinelli hockte wie ein Vogel in der Dämmerung da, mit den Füßen auf dem Steg ihres Holzstuhls. Sie arbeitete noch immer an ihrer Skizze. Wie ich sie so vor mir sah mit dem goldenen Haar, das auf ihre schmalen Schultern herabfiel, kam mir Pounds Zeile ins Gedächtnis:

Im grauen Dust verleibt sich das Gold alles Licht.[1]

Sie trug Bluejeans und eine karierte Bluse. Ihrer ganzen Erscheinung nach kam sie mir vor wie eine zerschlissene, ausgeblichene Nachzüglerin der Teenager der frühen vierziger Jahre. Sie hatte sehr große Augen – wie eine Katze. Sie wölbten sich aus einem geröteten Gesicht hervor, das sich von einer riesigen Stirn zu einem winzigen Kinn und einem noch kleineren Kinneskinn verjüngte. Ihre Lippen waren verkniffen und bleich, entspannten sich jedoch hin und wieder und öffneten sich dann zu einem naiven Lächeln. Ich hielt sie für eine Patientin aus einer anderen Station.
Pound sprang auf und marschierte durch den Saal auf sein Zimmer zu. Er machte mir ein Zeichen, ihm zu folgen. Dort gab er mir eins der Square Dollar Books, *Roman and Moslem Moneys* von Alexander Del Mar.[2] Aus dem Waschzettel erfuhr ich, daß Del Mar zu jenen »amerikanischen Schriftstellern« gehörte, »die sich als Stilisten wie als Historiker neben jeder ausländischen Konkurrenz behaupten können« und die in der Square Dollar Reihe gedruckt werden. Noch mehr beeindruckte mich der folgende Absatz auf der Rückseite des Umschlags:
»Die Unzulänglichkeit, Plattheit und Belanglosigkeit unserer Universitäten tritt durch ihre völlige Unkenntnis von Del Mars Schriften, die von 1862 an in London wie in den USA veröffentlicht worden sind, erst richtig zutage. Hätte man nicht gewisse Vertreter des minderwertigen Lehrkörpers der einzelnen Fakultäten kennengelernt, so würde man nicht umhin können, diese historische Verdunklung der großen Verschwörung zuzuschreiben, die nach Ansicht mancher Fanatiker dahintersteckt.«
Pounds Zimmer war mit zerknüllten Papieren übersät, mit Fetzen von Umschlägen, zetretenen Büchern, Bleistiften, Schnüren, alten Farbdosen, mit Marmeladegläsern voller Teebeutel und mit allerlei Eßbarem. An den Wänden hingen Gemälde, einige von Miss Martinelli. Es stand da auch ein Waschtisch mit einem riesigen Spiegel, der die Glut des Sonnenuntergangs auffing und den Raum damit durchtränkte. Der alte Mann kroch unter den Tisch und suchte nach ein paar großen ausgedienten Farbdosen. Wieder fiel mir auf, wie kräftig seine nackten Beine wirkten. Man hätte an diesem Nachmittag leicht den Eindruck gewinnen können, das sei gar nicht der Dichter, der seit zehn Jahren in

dem von MacLeish beschriebenen schäbigen Gefängnis lebte, sondern ein Seemann vom alten Schlag, wohl betagt, aber noch immer rüstig von dem vielen Klettern in die Wanten, der es sich hier zwischen zwei Entdeckungsreisen oder Piratenfahrten vor der Küste von Südamerika wohl sein ließ. Er holte die Dosen hervor und stemmte die Deckel ab. Sie waren mit Schmalzkringeln und Brot gefüllt. Er stopfte etwas davon in eine Tüte und warf sie Miss Martinelli zu, die an der Tür erschienen war. Dann stöberte er noch unter dem Bett herum, bis er einen mit gekochten Eiern und Salami gefüllten Karton gefunden hatte. Diesen überreichte er mir, ich solle ihn Châtel geben.
Als wir an die große, schwarze Tür am anderen Ende des Saals gelangten, in die Nähe des Fernsehgeräts, erblickte Miss Martinelli auf dem Bildschirm ein paar singende Komiker:
»Seht euch nur mal diese schwulen Brüder an! Ist es nicht widerlich?«
Pound warf seine Arme um sie und küßte sie zum Abschied. Er wandte sich um und bat mich, am nächsten Tag wiederzukommen. Während wir uns voneinander verabschiedeten, schloß der Wärter die Tür auf. Ein wenig überrascht stellte ich fest, daß Châtel und Miss Martinelli nur Besucher waren.
Châtel brachte mich für die Nacht auf einer Couch unter. Wir aßen, was Pound ihm zum Abendessen mitgegeben hatte, und redeten ein paar Stunden lang über Literatur und Politik. Er erzählte mir, daß er und Miss Martinelli fast ihre gesamten Lebensmittel von Pound bezogen, der sie in der Kantine der Anstalt besorgte. Während unseres Gesprächs erwies er sich als ein fanatischer Schüler des »Maestro«, der jede seiner Neigungen und Abneigungen nachäffte, ja sogar die nervösen Ticks und die Art zu reden, seine Art, plötzlich aufzuspringen und umherzustolzieren. Am nächsten Morgen lud uns sein Vater zum Mittagessen ein.
Châtels Vater, heute ein bescheidener Versicherungsvertreter, war vor dem Krieg Kolonist in Algerien gewesen; dann hatte er sich dem Freien Frankreich angeschlossen und war nach dem Kreig ausgewandert. Beim Essen zeigte Châtel seinem Vater das Exemplar von *Truth,* das Pound ihm geliehen hatte und das Berichte über Finanzleute, Rüstungsfabrikanten und einen »kürzlich entdeckten« Brief Rothschilds aus dem Jahr 1862 enthielt. Monsieur Châtel las das Seite um Seite und murmelte hin und wieder: »Très intéressant, très intéressant...«
Unterwegs von der Wohnung seines Vaters zur Anstalt fragte ich meinen jungen Begleiter, ob eine Verbindung zwischen dem Kasper von Kasper & Horton der Square Dollar Books und dem Kasper aus

147

Clinton, Tennessee bestünde. Er lachte schallend und schlug mit seiner behandschuhten Hand aufs Steuer: »Mann, haben Sie eine lange Leitung ... selbstverständlich, das ist doch ein und derselbe.«
Kasper hatte vor kurzem einen Buchladen in Georgetown, D. C., eröffnet, den *Seaboard White Citizens' Council* gegründet und sich ähnlichen Vereinigungen im tiefen Süden angeschlossen.
Ziel dieser Gruppe war es, der »Integration« in Washington ein Ende zu machen, den Verband zur Förderung der Rechte der Farbigen auf die »Liste der verfassungswidrigen Organisationen« des Justizministers zu setzen und den »Rock'n Roll« zu verbieten. Die Mitgliederschaft stand jedem offen, der über achtzehn war und ein Weißer und der »an die Gott-Natur von Jesus Christus glaubt«. Juden waren nicht zugelassen. Die *New York Times* zitiert aus einem Flugblatt, das vom *Council* verbreitet wurde. Darin werden »Salonbolschewisten ... Mißgeburten, Golfspieler, Pudel, leidenschaftliche Sozialisten, Fabianer, Abschaum jeder Art, Schimmel auf der Oberfläche, käufliche Lügner, das Zeitungspack und entartete Liberale, die auf die Verkäsung der Verwesung drängen«, verdammt.
Die Worte »Verkäsung der Verwesung« hatten einen irgendwie vertrauten Klang, und ich hätte mir denken können, wie Châtels Antwort lauten würde, aber ich hatte es mir noch nicht zusammengereimt, bis mir die oben zitierte Stelle einfiel, zugleich mit den Cantos XIV und XV, dem Poundschen Inferno, und den folgenden Zeilen:

> Soundso und das Zeitungspack
> Und wer sich zur Sprachreglung verdingt hat...
> ... um ihn ein Club golfspielender Damen...
> und die Fabianer drängen auf die Verkäsung
> der Verwesung...[3]

Ich machte eine diesbezügliche Bemerkung zu Châtel. Die Sonne brach gerade durch die Wolken, entzündete ein Feuer in seiner störrischen braunen Haarmähne und erhellte sein bleiches, unrasiertes, von Pickeln und einem riesigen Insektenstich auf der Stirn verunstaltetes Gesicht, während es in seinen groben Zügen vor Erregung arbeitete.
»Klar, Mensch, klar«, antwortete er mit einer Handbewegung und trat aufs Gas. »Und wissen Sie, was sonst noch in dieser Proklamation stand ... nein, das raten Sie nie, denn das Buch, woraus Kasper das hat, ist auf Befehl des Internationalen Judentums nach dem Krieg verbrannt worden, jedes Exemplar, dessen sie habhaft werden konnten. Der wesentliche Teil, in dem er das wirtschaftliche Programm erklärt,

stammt direkt von Feder... Gottfried Feder, wissen Sie, wer das war?«
Durch ein Nicken, ein Lächeln und ein angemessen rechtschaffenes Erschauern gab ich zu erkennen, daß ich es wüßte.
»Feders Buch über die Wirtschaftslehre der Nazis. Das ist nämlich das Wichtige daran, diese Negersache ist doch nur sein Aushängeschild, weil er weiß, nur auf diese Weise kann er die Farmer im Süden dazu bringen, für ihn zu stimmen, aber *dann,* wenn er an der Macht ist (und sie haben bereits hier und dort gewonnen, Charlottesville zum Beispiel), dann kann er sein Wirtschaftsprogramm durchsetzen.«
Als Châtel und ich wieder eintrafen, saß Mrs. Pound bereits in ihrer Ecke. Pound sagte:
»Ich freue mich, daß Sie noch einmal kommen konnten. Das nenn ich mir einen besseren Umgang als das, was der mir gestern angeschleppt hat, das kann man wohl sagen. Nehmen Sie Platz, und ich mache Ihnen etwas Tee.«
Mrs. Pound erklärte mir, ein nicht geladener Besucher hätte sich mit Châtel zusammen in die Station eingeschlichen, nachdem er ihm vorgespiegelt hatte, er sei von Pound eingeladen und habe die Genehmigung der Anstaltsleitung.
»Er war Journalist, und das mögen wir nicht. Die Sache ist die, daß E. P. eine heftige Abneigung gegen ihn hatte, also haben wir den Wärter geholt und den Mann hinauswerfen lassen.«
Ich begann, Pound über die provenzalische Musik auszuhorchen, und er sagte mir, er habe erfahren, es seien mehr als 250 Melodien erhalten geblieben, aber er wußte nicht, wo sie verlegt worden waren.
»Ach ja, jetzt fällt mir ein, daß einer der alten Burschen, einer von denen, die ich gestern erwähnte – könnte es Pellizzi sein? – ja, einer von denen mir etwas von einer Faksimile-Ausgabe erzählt hat, die in Barcelona herauskommen soll. Sie wissen natürlich, daß die meisten dieser alten Manuskripte nichts weiter sind als *motz* ohne *sons.* Ich habe welche gesehen, in denen die Notenlinien sorgfältig ausgezogen waren, aber keine *sons,* nichts weiter als die Strophen darunter, eine durchaus verständliche Faulheit: der Kerl wußte, wie die Sache ging, eine ganz simple eingängige Weise, wozu also die Zeitvergeudung, das alles niederzuschreiben? Und wie Sie wissen, ist die Transkription dieser Lieder in die moderne Notenschrift eine Arbeit für Musikwissenschaftler. Vielleicht sind aus diesem Grund erst so wenige veröffentlicht worden. Und, wissen Sie, diese alte

Notenschrift ist im Grunde eine Art musikalischer Kurzschrift, eine Gedächtnishilfe, die nur von jemand benutzt werden konnte, der die Melodie zuvor wenigstens einmal gehört hatte.«

Ich erzählte ihm von der Platte provenzalischer Lieder, die Yves Tessier gemacht hatte, der nicht nur Musikwissenschaftler, sondern auch ein ausgezeichneter Sänger ist. Ungeduldig winkte er ab.

»Erwarten Sie nicht von Opa, daß er über das Gebiet des Provenzalischen nach 1920 noch Bescheid weiß. Das war alles nach meiner Zeit. Sie haben doch meinen *Spirit of Romance*⁴? Oder? Na schön, dort habe ich alles gesagt.«

Mir war schon ein paarmal Pounds Widerstreben aufgefallen, irgend etwas aufzunehmen, das er nicht selber entdeckt hatte; und doch erklärt er, daß er nur Dinge lesen mag, die ihm etwas Neues eröffnen.

»In meinem Alter kann ich keine Zeit mehr vergeuden. Ich lese, um mich zu informieren. Ich bin keine Prüfungsbehörde, die feststellt, ob ein junger Mensch mit seinem Stil über das Anfängerstadium hinaus ist oder ob man ihm einen höheren akademischen Grad zubilligen kann. Das habe ich in meiner Jugend getan, aber jetzt überlasse ich das den Jüngeren... Aber da wir gerade von der Notenschrift als einer Gedächtnishilfe sprachen – genauso habe ich damals meine Oper *Villon* geschrieben. Das einzige noch vorhandene Exemplar liegt drüben in meinem Zimmer. Die BBC hat es 1932 gebracht und hatte auch einige Exemplare, die aber verlorengegangen sind. Zu dumm, daß man danach keine Aufnahme gemacht hat, denn ich hatte die *motz el sons* niedergeschrieben, wie die alten Troubadoure, nur als eine Gedächtnisstütze.⁵ Dabei benutzte ich die moderne Notenschrift in der alten vereinfachten Kurzschrift – ich kann es lesen, aber sonst keiner, der es nicht vorher gehört hat – ich müßte es erst vorsummen oder vorpfeifen. Mit meinem Gesang ist es nicht weit her, kaum, daß ich eine Melodie sauber hersingen kann, aber pfeifend oder summend könnte ich mich den Musikern schon verständlich machen. Sie wollten die Sendung wiederholen und sich von mir hier die Melodien mit einem Tonbandgerät holen. Doch nein, das ginge auch nicht, ich müßte mit ihnen proben, so wie beim vorigen Mal. Das muß man sich einmal vorstellen, Toningenieure, Sänger, wie sie alle *hier* herumschwirren – das reinste Irrenhaus...«

Seine Augen funkelten belustigt, und wir lachten.

»Nein, die Sache muß warten, bis ich aus der Klapsmühle heraus bin. Ich glaube, jetzt trinke ich noch ein bißchen Tee; wie ist es mit Ihnen?«

Gerade als Pound seine Gläser und Dosen zum Teebereiten zusammenkramte, erschien Miss Martinelli. Sie war in einen dicken, wollenen Mantel und einen langen Schal gehüllt; das Gesicht gerötet, und ganz außer Atem. Pound umarmte sie und fuhr ihr mit den Händen durchs Haar. Erregt sprachen sie aufeinander ein, wobei einer den anderen unterbrach. Ich wandte mich ab und unterhielt mich mit Mrs. Pound. Miss Martinelli setzte sich auf ihren Stuhl und stapelte ihre Sachen neben sich auf dem Boden auf. Dann erklärte sie uns, sie hätte seit fünf Uhr früh gearbeitet.
»Letzten Sonntag um diese Zeit«, sagte Mrs. Pound, »hat er eine Aufnahme mit Lesungen aus seiner Dichtung gemacht. Ein alter Freund von ihm, ein BBC-Mann, dem wir vertrauen können, brachte einen dieser Bandapparate mit. Ezra hatte es bisher immer abgelehnt, eine Aufnahme seiner Lesungen von einer dieser großen amerikanischen Traum-und-Schaum-Firmen auf den Markt werfen zu lassen. Aber diesen Mann kennt er seit Jahren, und wir wissen, daß er ein anständiger Kerl ist.«
»Was haben Sie gelesen?« fragte ich Pound.
»Es war eigentlich nichts besonders Schwerwiegendes. Ich wollte eben nur etwas von mir geben. Das Ganze hatte ich mir mehr oder weniger als einen Rippenstoß für Eliot gedacht. Eliot ist genau wie so ein altes Maultier, dem man ein Feuer unterm Schwanz anzündet, um es in Gang zu setzen, das aber dann nur gerade so weit läuft, daß der Wagen verbrennt. Aber davon wollte ich nicht reden. Jedenfalls habe ich ›L'Homme Moyen Sensuel‹ gelesen (ich habe mir das verdammte Zeugs seit Jahren zum erstenmal wieder angesehen), den Usura-Canto, einen der John-Adams-Cantos, einige von den ›Alfred Venison‹-Gedichten und das Vorwort, das ich für ihr Buch geschrieben habe.«
Damit machte er eine Handbewegung auf Miss Martinelli zu.
»Ich habe den alten Jungen nur ein bißchen aufrütteln wollen, wenn der sich nämlich mal einen netten, stillen Abend machen will, das Dritte Programm einschaltet und dann plötzlich E. P. *Alfred Venison* lesen hört – also suchte ich die aus, die er am wenigsten leiden kann. Was nun das Vorwort für sie anlangt, so habe ich ihr unter die Arme greifen wollen. Sie ist nämlich eine der wenigen mir bekannten amerikanischen Maler, deren Talent etwas verspricht. Voriges Jahr hat Esperia in Mailand einen farbigen Bildband ihrer Arbeiten herausgegeben, und dazu habe ich das Vorwort geschrieben.«[6]
Nun erschien ein dunkler, ungeschlachter Mann im schwarzen Mantel.
»Hallo, Dave«, sagte Pound. Es war Mr. Horton.

Im Zwielicht der Nische wirkten das gewellte Haar und der Anzug tiefschwarz, das Gesicht aber schimmerte weiß, weich und glitschig, wie aus Seife modelliert. Ich ergriff eine gewaltige, weiche Hand. Seine Augen zogen sich argwöhnisch zusammen, er lächelte mich unbeholfen an, und seine Lippen entblößten ein Paar raubtierhafter Eckzähne.

Er nahm auf dem Klavierhocker, Pound und mir gegenüber, Platz und zog einen Brief aus der Manteltasche.

»Ich höre, daß Wang ein wichtiges Adreßbuch verloren hat.« David Rafael Wang, ein Angehöriger des Dartmouth-Jahrgangs von 1955, genießt den Ruhm, der einzige chinesische Dichter zu sein, der sich ohne Vorbehalt für die Sache der weißen Vorherrschaft einsetzt. Seit seiner Promotion hat Wang, wie *The Dartmouth* berichtet, die Colleges der Ivy League bereist, um an den Universitäten Komitees Weißer Bürger zu gründen. Ausgerechnet Außenminister Dulles bezeichnete er als einen »läppischen Sozialisten«. »Er wohnt im Dartmouth Club in New York«, fuhr Horton fort, »und sagt, ein Jude, den er nicht loswerden konnte, habe sich dort in seinem Zimmer herumgedrückt. Wang hat ihn im Verdacht, ihm sein Notizbuch mit Adressen gestohlen zu haben. Hier schreibt er: ›... es enthält die Namen von allen unseren nationalistischen Freunden und von denen, die für unsere Sachen arbeiten...‹ Was zum Teufel hat er wohl Ihrer Meinung nach damit angefangen? Hier, diese Handschriftprobe des Juden hat er beigelegt.«

Er reichte Pound einen zerknitterten Fetzen Papier, auf dem in großer ungebildeter Handschrift mit Bleistift folgende Worte geschrieben standen: »Die Heimat der Juden ist Israel.«

Pound hielt den Zettel ans Licht. »So, das wäre also eine Probe der Schönschrift eines Itzigs. Seltsam, daß er so etwas schreibt.«

»Und das Komische daran ist«, fuhr Horton fort, »daß es mir genau wie Kaspers Handschrift vorkommt.«

In diesem Augenblick mußte ich mir alle Mühe geben, den Mund zu halten, um nicht laut aufzulachen.

Ich kannte Wang ganz gut aus seiner College-Zeit, und abgesehen davon, daß ich ihn persönlich als widerlich empfand, war ich zu dem Schluß gelangt, er tauge weder als Dichter noch in sonstiger Hinsicht viel. Auf der Universität war er bei Professoren wie bei Studenten eine Zielscheibe des Spotts. Doch hätte ich mir nie träumen lassen, *wie* dumm und eingebildet er war, bis Pound mir einen Brief zeigte, den Wang ihm geschrieben hatte.

»Erstaunliches Sprachgefühl für einen jungen Chinesen«, meinte Pound, sah mir dabei scharf in die Augen und grinste, indem er mir den Brief reichte.

Während ich ihn las, fragte ich mich, ob Pound es wirklich ernst gemeint hatte oder mich nur zum besten hielt. In diesem Brief schrieb Wang von sich selber in der dritten Person als »Hsin« – vielleicht sein Vorname,[7] was weiß ich; das bedeutet »Herz-Geist«. In seinem Brief wimmelte es von Sätzen wie: »Die Sache, die in dieser entsetzlichen Stadt, wo alles nach Judentum stinkt, allein Körper und Seele zusammenhält.« Der letzte Satz lautete: »P. S. Hsin hat aus zuverlässiger Quelle erfahren, daß die *Hudson Review* E. P. s maschinengeschriebene Manuskripte an die Juden verkauft hat.«

»Wie lächerlich«, rief Mrs. Pound. »Und wenn schon – was sollte uns das ausmachen, da sie die Manuskripte ja immerhin veröffentlichen.«

»Ich glaube es nicht«, sagte Pound. »Ich kenne den Herausgeber, und er ist ein anständiger Mann. Ich glaube, daß *Hudson* anständig ist. Das wäre ein so dummer Streich, daß ich ihn eher Laughlin zutrauen würde, Sie wissen schon, Laughlin von ›No Directions‹.«[8]

»Es gibt aber sehr mächtige Gruppen, die gegen die Veröffentlichung der *Cantos* sind«, warf Châtel ein.

»›No Directions‹ hat die Stelle über die Rothschilds in den *Pisaner Gesängen* ausgelassen«, sagte Pound.[9] »Sie wollten das alles herausnehmen ohne irgendeinen Hinweis auf die Auslassung, und ich sagte, ›Schwarze Zeilen oder gar nichts‹, und hinein kamen die schwarzen Zeilen, so daß alle meine Leser die Zensur erkennen konnten. Sie hatten sicher Angst, die Unterstützung der New Yorker Banken zu verlieren, wenn sie die Wahrheit über die internationale Finanz veröffentlichten.«

»Und so«, sagte Miss Martinelli, »muß Opa es eben mit Selbstmördertrupps schaffen. Genau wie Kasper. In Kasper haben Sie Ihren Kamikazeflieger. Bei ihm habe ich eine sonderbare Vorahnung. Ich habe das Gefühl, daß er bald sterben wird. Und Horton ist unser künftiger Präsident.«

Horton lachte auf. »Nein, nein, sagen Sie das nicht. Damit blicken Sie zu weit in die Zukunft.«

»Ist jemals eine meiner Voraussagen nicht eingetroffen?« entgegnete Miss Martinelli. »Sie wissen ganz genau, daß sich jede einzelne bewahrheitet hat. Opa sagt, daß ich intuitiv weiß, was ein großer Geist erst in vielen Jahren lernen muß.«

Den übrigen Nachmittag lang unterhielten sich Pound und Horton über gemeinsame politische Bekannte. Immer wieder durchstöberte Pound seine letzte Post und zog Briefe und Pamphlete hervor, die er Horton reichte. Horton versuchte mit ihm Schritt zu halten, spitzte die Lippen und murmelte vor sich hin, während er die Seiten überflog, bis Pound ihm neue hinhielt.

Mir fielen zwei Schwarze auf, die an der anderen Seite des Saals in einer ähnlichen Nische an einem Spieltisch saßen; beide trugen sie ausgebeulte, zerknitterte Anzüge und eingedrückte Filzhüte. Sie spielten Dame und machten den Eindruck, als hätten sie einander vergessen. Einmal schoben sie das Damebrett beiseite und redeten in einem unverständlichen Dialekt laut aufeinander ein. Dann rückten sie ihre Stühle zusammen und starrten erneut auf das Damebrett. Nach einer ganzen Weile streckte einer von ihnen beide Hände aus und versetzte zwei Steine auf einmal. Im nächsten Augenblick rückten beide aufs Geratewohl Stein um Stein auf dem Brett herum. Dann hielten sie inne, und einer kam in unsere Nische herübergeschlurft, trat vor Pound hin, starrte zum Fenster hinaus und streckte eine Hand mit der Fläche nach oben aus. Ohne Zögern griff Pound in die Taschen seiner zu weiten Hose und holte eine Handvoll Münzen hervor. Mit einer geistesabwesenden Miene suchte er ein Zehn- und ein Fünfcentstück hervor und ließ sie auf die rosige Handfläche fallen. Dann wandte er sich erneut dem Papierstoß auf seinem Schoß zu. Der Schwarze blieb noch einen Augenblick stehen, drehte sich dann ohne ein Wort oder auch nur einen Blick auf Pound um, steckte die Münzen in seine Jackentasche und kehrte auf die andere Seite des Saals zurück. Außer mir hatte niemand diesen kleinen Auftritt beachtet.

Pound zog einen Korrekturabzug seines Lebenslaufes hervor, der im nächsten *Who's Who* erscheinen sollte, und deutete auf einen Satz, in dem sein Verhalten während des Krieges gerechtfertigt wird.

»Ich habe mit denen einen Mordskrach darüber gehabt und ihnen gesagt, ohne diesen Satz könnten sie das Zeugs nicht abdrucken, also haben sie ihn wieder eingesetzt.«

Es war Zeit aufzubrechen, und Pound umarmte Miss Martinelli wie am Tag zuvor. Als wir die Treppe hinuntergingen, sagte sie: »Opa liebt mich. Weil ich für ihn den Geist der Liebe symbolisiere, wahrscheinlich.«

»Stimmt«, meinte Châtel. »In *Rock-Drill* hat er einen ganzen Absatz über sie geschrieben.«

Ich erhielt keine Gelegenheit mehr festzustellen, wo sich diese Stelle befand.

Wir waren vor Hortons schäbigem, schwarzem Wagen stehengeblieben und unterhielten uns. Ein jüdisches Ehepaar mittleren Alters kam auf einem in der Nähe gelegenen Weg an uns vorbei; beide ausnehmend klein und dick.

»Seht euch nur mal diese Zwillingsknödel an!« sagte Miss Martinelli und kicherte belustigt. »Sind sie nicht einfach *zu* widerlich!«
Horton holte ein Porträt von sich selber vom hinteren Sitz seines Wagens hervor. Er erzählte, seine Frau hätte es gemalt, und es sei so ungefähr ihr erstes Bild.
»Oh, was für eine wunderbare Arbeit für einen Amateur«, rief Miss Martinelli, »es ist kaum zu glauben. Man stelle sich nur vor: ihr erstes Bild.«
Ich habe Porträts großer Diktatoren gesehen, die Sorte, von denen Farbdrucke hergestellt werden, die dann an allen Wänden hängen. Ob Stalin, Hitler oder Tito, alle scheinen sie auf den gleichen Typ hinauszulaufen, und dieses Porträt Hortons war eine unbeholfene Nachahmung dieses Typs. Es war Horton, wie man ihn sich als »Unseren Führer« vorzustellen hatte, Horton, der Präsident von Square Dollar. Die Malerin hatte ihm eine gesunde Gesichtsfarbe gegeben, sein Doppelkinn entfernt, seinen klobigen Brustkasten und die Schultern umgemodelt, seine Nase begradigt, seine Lippen verfeinert, die Schwere seiner Augenlider gemildert, und es war ihr gelungen, ihm einen Ausdruck der Ruhe und Entschlossenheit zu verleihen.
Ich verabschiedete mich gerade von Mrs. Pound, als die Tür des Gebäudes, das wir soeben verlassen hatten, aufgerissen wurde: Pound stand auf der Schwelle und schwenkte einen Stoß von Papieren in seiner Hand.
»He, John, kommen Sie mal her und nehmen Sie Ihr verdammtes Manuskript mit! Wie in aller Welt wollen Sie denn Schriftsteller werden, wenn Sie Ihr Werk in der ganzen Gegend verstreuen? Leben Sie wohl, Dave, Sie kommen doch am Weihnachtstag herüber, nicht wahr?«
Er nickte uns lächelnd zu und verschwand mit einer leichten Handbewegung in der Tür.

Anmerkungen

1 ›Cantos I-XXX‹. Engl.-dt. Ausgabe. Übers. von Eva Hesse. Zürich: Arche 1964. – Canto XI, S. 105; Canto XVII, S. 155.
2 Aus: ›A History of Monetary Systems‹. The Cambridge Encyclopedia. New York 1903.
3 ›Cantos I-XXX‹, S. 120ff.

4 ›The Spirit of Romance‹. London: J. M. Dent and Sons 1910.
5 Die Partitur wurde 1961 nach Pounds Aufzeichnungen von dem kanadischen Musikologen Murray Schafer ausgeschrieben. Die Oper kam im Juni 1962 im Programm der BBC, London, zur Aufführung.
6 ›La Martinelli‹. Mailand: Officine Grafiche ›Esperia‹ 1956.
7 Der in Hangchow geborene Wang, der sich auch manchmal Wang Hsin-Fu nennt, kollaborierte später mit William Carlos Williams in der Übersetzung klassischer chinesischer Gedichte, gemäß, wie er schreibt, »der Graeko-Sino-Samurai-Afrikanischen Tradition«. Vgl. The Cassia Tree: Translations of Chinese Poetry, in: *›New Directions in Prose and Poetry‹* 19, New York: New Directions 1966.
8 ›No Directions‹ (Ohne Richtung) ist ein Wortspiel auf *New Directions*, den Namen des Verlags. Unmittelbar nachdem dieser Bericht von David Rattray in *›The Nation‹* vom 16. Nov. 1957 erschienen war, schickte Ezra Pound ein kurzes Dementi dieser Anschuldigung nicht etwa an *›The Nation‹* (New York), sondern an die *›Times Literary Supplement‹* (London), wo es auf der Korrespondenzseite am 6. Dez. 1957 abgedruckt wurde.
9 Tatsächlich wurden die Streichungen von T. S. Eliot bei Faber & Faber, London, nicht von Pounds amerikanischem Verleger vorgenommen.

Peter Demetz
Ezra Pounds ›Pisaner Gesänge‹

Die Irrenanstalt, die den heimlichen Kaiser der amerikanischen Dichtung seit mehr als zehn Jahren beherbergt, liegt etwa eine halbe Stunde von der Mitte Washingtons entfernt. Man fährt zunächst mit der elektrischen Straßenbahn durch die reinlichen Gassen, die an einen der alten europäischen Kurorte erinnern, und setzt dann den Weg über den Potomac mit einem der gelben Funktaxis fort. St. Elizabeth ist nach Anlage und Ausdehnung eine ganze Stadt: ein fast unübersehbarer Komplex von Pavillonen, Verwaltungsgebäuden, Sportplätzen, Küchen und Promenaden verbirgt sich hinter der hohen Mauer, an deren Eisentoren die Pförtner aus ihren Häuschen treten. Ezra Pound ist hier jedem wohlbekannt: als ich an den falschen Eingang geriet, sandte man mich gutmütig zur Entrance A zurück. Niemand verlangte Papiere, Ausweise, Bescheinigungen: ich fand mich rasch in einem weit ausholenden Park mit Rotunden und grünen Bänken. Es ist, so schien mir, das älteste und verwittertste Haus, in welchem Pound wohnt. Das schwarze Gebälk, die verwinkelten Giebel und Erker, verwitternde Ziegel und fallender Mörtel deuten auf das letzte Drittel des vorigen Jahrhunderts zurück. Der Garten war still, der Rasen schon überstreut von den vergilbten Blättern des beginnenden Herbstes; zwischen den gewaltigen Bäumen stand hie und da eine menschliche Gestalt, die mir fast regungslos nachblickte. Die hervorquellenden Augen, wenige, ruckhafte Bewegungen der Arme, das blöd-verzerrte Gesicht verrieten, daß hier Schwerkranke auf ihre Angehörigen warteten. Während ich das Büro suchte, kam auch schon einer der Patienten, wie es schien, den graugestrichenen Gang herab: ohne Hemd, in Bermuda-Shorts, den Tennisschläger in der Hand. Ich blickte auf und erkannte den Spitzbart, die funkelnden Augen, die scharfen Züge Pounds, die mich schon auf seinen Bildern an das Profil einer Raubkatze erinnert hatten. »Wenn Sie *mich* suchen«, sagte er, mit dem Racquet durch die Luft schlagend, »kommen Sie doch lieber auf den Rasen. Meine Frau ist eben angekommen, und wir können uns draußen an der frischen Luft unterhalten.« Erst jetzt sah ich das chinesische Amulett im grau gekräuselten Brusthaar des Siebzigjährigen, der eben von der täglichen Tennispartie zurückgekehrt war, und das brüchige Sonnenschild aus Zelluloid, das mit einem Stück Leukoplast aufs Geratewohl zusammengeklebt war.
Draußen, zwischen zwei mächtigen Platanen, stieg eben Mrs. Pound

aus dem alten Ford. Während sie noch Bücher und eine Bonbonniere auspackte, stellte ich ein paar Rohrstühle im Halbkreis zusammen; Pound wollte eben seinen gewohnten Sitz, wie er sagte, unter einer der Platanen einnehmen, als er drei weitere Besucher durch das Parktor kommen sah, ihnen entgegeneilte und bald einen Professor der Washington Universität, eine junge französische Studentin und ihren amerikanischen Kollegen heranführte. Wären nicht die vergitterten Fenster im Hintergrund und, unter den ferneren Bäumen, die regungslos wartenden Wahnsinnigen gewesen, die starr zu uns herüberblickten, die Szene hätte an eine jener literarischen Séancen erinnert, die Pound in seinen kritischen Schriften so grimmig ironisiert. Pound begann von seinen Jahren in Paris zu erzählen: von Joyce, von Gaudier-Brzeska ... persönliche Erinnerungen, die nun schon Literaturgeschichte sind. Erst ein plötzlicher Regenschauer rief die wahre Realität des Ortes zurück. Als die ersten Tropfen durch die Baumkronen schlugen, öffnete Pound die Türen des alten Ford und sagte, wir sollten uns im Auto weiter unterhalten, es wäre ohnehin der wirtlichste Ort. Er bewohne nur eine einzige Kammer, deren kümmerlicher Schmuck aus einem Bücherregal bestand, das ihm einer der Kranken aus rohen Brettern zurechtgetischlert hätte: ›doan tell no one I made you that table‹...

So fand ich mich mit Pound, der sich die Tropfen von den nackten Schultern strich, im stickigen Fond des alten Ford. Es war ein merkwürdiges Interview: zwischen Büchern, Wäschepaketen und Marmeladengläsern, die Mrs. Pound vorsorglich mitgebracht hatte, der Dichter, einzelne Zeilen der *Pisaner Gesänge,* die mir unverständlich geblieben waren, mit der Sorgfalt und Präzision eines Hochschuldozenten interpretierend. Pound bestand sogar darauf, mir einen genauen Lageplan des Pisaner Straflagers in mein Exemplar einzuzeichnen. Der Augenblick blieb mir in klarer Erinnerung: der Geruch der Nylonsitze, das Trommeln des Regens auf dem Stahldach, die scharfen Augen Pounds hinter der Brille unter dem zerfetzten Sonnenschild, der Geist und die drängenden Erinnerungen eines Capaneus, den jahrelange Einsamkeit und Abgeschlossenheit nicht das geringste an Präzision des Intellekts, an hartnäckiger Erbitterung, ja an fortdauerndem politischem Haß genommen hatten: si come avesse l'inferno in gran dispitto... Aber später, als der Regen aufgehört hatte und wir wieder in den Rohrstühlen saßen, schien ein gewandelter Pound von seiner Vergangenheit zu sprechen. Er beschrieb uns seine Flucht aus Rom; Gesprächsfetzen aus überfüllten und langsam sich vorantastenden Eisenbahnzügen unter Fliegerbeschuß; von Wanderungen über die

verstopften Landstraßen Norditaliens, während die Stiefel von den Füßen des Sechzigjährigen blätterten, von seinem Entschluß, sich den Landsleuten zu stellen. Plötzlich war es klar, daß dieser jugendlich Erbittertste unter den grand old men der Literatur im Haß eine heimliche Demut verbarg. Ein besorgter Großvater gedachte seiner Tochter, die in Tirol geheiratet hatte, seiner Enkelkinder, zu denen er einst, wenn das Tor St. Elizabeths wieder offen stünde, mit Mrs. Pound zurückkehren wollte: »if the hoar frost grips thy tent...«
Es ist die neue Mischung von Protest und wachsender Demut, die die *Pisaner Gesänge* von den übrigen *Cantos* trennt. Amerikanische Kritiker behaupten sogar, der Sprecher der Pisaner Gedichte sei ein anderer als jener der *Cantos:* dort spräche der Mensch an sich, ein repräsentativer Odysseus auf symbolischer Fahrt durch das Periplum der Geschichte; hier träte das individuelle Ich des Dichtenden hervor. Wenn es auch schwierig sein mag, den Dichter, um des Gedichtes willen, in den abstrakten und den konkreten Sprecher aufzuspalten, so ist doch die gleitend-radikale Privatisierung des Kosmos in den *Pisaner Gesängen* unverkennbar. Der Dichter ist nicht mehr mit den großen Idealbildern der Gesellschaft – sei es das des alten China, das Amerika Jeffersons – beschäftigt; die Welt ist plötzlich begrenzt von den Türmen des Straflagers; was sich dem dichterischen Geist entgegendrängt ist Minze, Thymian, Basilienkraut; die erdhaften Götter der italienischen Landschaft; eine unablässig bewegte Erinnerung. Anders als die übrigen *Cantos* sind die Pisaner Gedichte zunächst Dokument einer Katharsis: in seinem großen, in dreimaligem Versuch aufsteigenden Gebet an die Mächte der Erde und der Klarheit (LXXIX) unterwirft sich der Dichter einer rituellen Reinigung, an deren Ende eine unerwartete Demut steht: *Thou wilt give thanks when night is spent.* In diesem Sinne ist das Wort Pounds zu verstehen, der von den Pisaner Gedichten, seinem Schrei aus den Tiefen des Straflagers, als dem endlichen *Paradiso,* dem Gesang von der mystischen Rose, spricht.
Eine Übertragung der *Pisaner Gesänge* hat Probleme zu bewältigen, die sich in den vorangehenden *Cantos* nur andeuteten: hier ist das Mythische und Persönlichste, das Historische und das Privateste zu einem Spiel mit Assoziationen verschmolzen, die höchste Umsicht vom Übersetzer fordern. Es genügt nicht, diesen Text zu übertragen; er muß in jedem Augenblick auch gedeutet und in das vorangehende System von Anspielungen, Zitaten und Selbstzitaten nahtlos eingefügt werden. *Eva Hesse* (Verlag Die Arche, Zürich, 1956) hat diese schwierige Aufgabe mit der gleichen Sorgfalt und Kraft gelöst, die Hans Egon Holthusen schon an ihrer Übertragung der *Cantos* rühmte. Vielleicht

trifft sie ihre übersetzerischen Entscheidungen hier noch kraftvoller als dort und prägt eindrucksvolle deutsche Formen für manche Idiome Pounds, die einer mechanischen Übersetzung widerstrebt hätten. Aber das Idiomatische ist zugleich Höhe und Grenze dieser Übertragung: eben weil das Privateste sich hier zur Herrschaft drängt, kombiniert Pound den hohen Stil des Epos mit dem niederen Stil der Lagergespräche zu überraschenden ästhetischen Effekten. Pound selbst, ein hervorragender Theoretiker und Praktiker der dichterischen Übertragung, unterscheidet im Kunstwerk drei verschiedene Elemente, die den Übersetzer beschäftigen: *phanopoia,* oder die visuelle Präzision der Bilder; *melopoia,* die melodische Kadenz der Phrase; endlich *logopoia,* oder »den Tanz des Intellekts zwischen den Worten«. Eva Hesses Übertragung bewältigt Pounds phanopoia und melopoia, während ihr Pounds logopoia – der ästhetisch-funktionelle Wechsel der Stilhöhe – mitunter unüberwindliche Schwierigkeiten entgegenstellt. Aber das muß wohl so sein: Pound selbst glaubt, daß logopoia eigentlich unübersetzbar bleibt, als ein letztes und innerstes Geheimnis des Dichters und seiner eingeborenen Sprache.

Wahrscheinlich wird das verdienstvolle literarische Nachwort Eva Hesses mehr als einen Widerspruch hervorrufen. Es ist einigermaßen kühn zu behaupten, die amerikanische Presse hätte Hemingways Vorschlag, Pound den Nobelpreis zu erteilen, »geflissentlich mit Schweigen übergangen«; kühner noch zu glauben, die amerikanische Regierung hätte Pound, unter anderem, deshalb ins Irrenhaus verwiesen, um »für das ›American Heritage‹ zu sichern, was er an seinem Lebensabend noch an literarischen Kostbarkeiten erzeugen mag«. Leider ist die amerikanische Regierung an Poesie völlig uninteressiert. Pound als Kronzeuge für die anti-amerikanischen Affekte Europas anzurufen, heißt ihn in eine Rolle drängen, die nicht die seine ist. Pounds Haß-Liebe zu seinem Vaterland ist im Grunde eine inneramerikanische Affäre, die durch unterschobene Motive ihres Ernstes und ihrer persönlichen Bedeutung beraubt wird.

Fotonachweis
Burke Library (S. 6, rechts oben), Collection of American Literature, Beinecke Rare Book and Manuscript Library, Yale University (S. 6, links oben und unten; S. 29, rechts; S. 30), Sheri Martinelli, San Francisco (S. 18, unten rechts), Prof. Alfred Satterthwaite (S. 18, oben rechts), Perdita Schaffner (S. 18, unten links), Oliver Wilkinson (S. 18, oben links), Arche Archiv (S. 29, links). Wir danken den Rechtsinhabern für die freundliche Genehmigung zum Abdruck.